电动汽车充电装置结构原理与维修

瑞佩尔 主编

化学工业出版社

·北京·

内 容 简 介

本书以电动汽车的车载充电器及相关系统为重点，介绍了不同品牌（主要以奥迪、宝马、奔驰、比亚迪为例）的代表车型所搭载的车载充电装置及外设充电部件的结构特点、控制方式及工作原理。书中介绍的充电装置主要有车载充电器、便携式充电器、壁挂式充电器、交/直流充电桩（柜），相关系统则涉及充配电系统、DC/DC直流转换系统、制动能量回收系统、充电温度管理系统等。

本书按模块化教材的风格分项目编写，内容图文并茂，直观易懂，实用易学，既可用于新能源专业充电装置模块培训与教学的专业教材，也可以作为电动汽车维修售后与电动汽车充电设施安装维护人员自学进修的读物。

图书在版编目（CIP）数据

电动汽车充电装置结构原理与维修/瑞佩尔主编．—北京：化学工业出版社，2022.9（2023.9重印）
ISBN 978-7-122-41708-4

Ⅰ.①电… Ⅱ.①瑞… Ⅲ.①电动汽车-充电-服务设施-构造 ②电动汽车-充电-服务设施-维修 Ⅳ.①U469.72 ②TM910.6

中国版本图书馆CIP数据核字（2022）第107696号

责任编辑：周　红		文字编辑：陈小滔　朱丽莉	
责任校对：宋　玮		装帧设计：王晓宇	

出版发行：化学工业出版社（北京市东城区青年湖南街13号　邮政编码100011）
印　　装：三河市延风印装有限公司
787mm×1092mm　1/16　印张10¼　字数251千字　2023年9月北京第1版第2次印刷

购书咨询：010-64518888　　　　　　　　　　售后服务：010-64518899
网　　址：http://www.cip.com.cn

凡购买本书，如有缺损质量问题，本社销售中心负责调换。

定　价：89.80元　　　　　　　　　　　　　　　　　　　　　版权所有　违者必究

前言

充电系统为电动汽车运行提供能量补给,是电动汽车的重要基础支撑系统。充电装置的研发、使用与维修也是电动汽车商业化、产业化过程中的重要环节。电动汽车充电装置总体上可分为车载充电装置和非车载充电装置。

电动汽车根据充电方式不同分为慢充、快充。慢充即使用车载充电器和充电桩进行交流充电,车载充电即采用随车配备的便携式充电设备进行充电,可使用家用电源或专用的充电桩电源。快充通过非车载充电器采用大电流给电池直接充电,使电池在短时间内可充至80%左右的电量,因此也称为应急充电。

作为电动汽车上使用频率最高的系统,充电装置及相关系统的故障在所有故障中占有的比例相当高。同时,作为电动汽车的配套设施,外置充电设备如壁挂式充电器,交流、直流充电桩等的安装维护、故障检修的服务需求也是很高的。为此,我们集合一线资源,组织编写了这本专门讲述电动汽车充电装置结构原理与维修的书。

本书内容既有关于技术特点、系统结构、控制流程与工作原理的讲述,也有针对特定部件的拆卸、更换与安装,部件维护、检测与故障诊断排除的常用方法。针对不同类型的故障,以实际案例的形式介绍检修思路与维修过程。最后,可以扫码查阅27个国内外品牌30多款主流车型的充电系统的电路图。

本书图文并茂,直观易懂,实用易学,既可作为新能源专业充电装置模块培训与教学的专业教材,也可以作为电动汽车维修售后与电动汽车充电设施安装维护人员自学进修的读物。

本书由瑞佩尔主编,此外参加编写的人员还有彭启凤、周金洪、朱如盛、刘滨、彭斌、章军旗、满亚林、李丽娟、徐银泉、陈棋、孙丽佳、周方、王坤、朱胜强。在编写过程中,参考了大量相关车型生产厂商的技术文献和网络信息资料,在此,谨向这些资料信息的原创者们表示由衷的感谢!

囿于编者水平,及成书匆促,书中疏漏在所难免,还请广大读者朋友及业内专家多多指正。

编者

目录

模块 1
概述 1

项目 1 电动汽车常用电池	1	1.3.1 模式概览	18
1.1.1 铅酸电池	1	1.3.2 充电模式一	19
1.1.2 镍氢电池	1	1.3.3 充电模式二	19
1.1.3 磷酸铁锂电池	4	1.3.4 充电模式三	19
1.1.4 三元锂电池	6	项目 4 电动汽车充电接口	20
项目 2 电动汽车充电方式	8	1.4.1 我国充电接口类型	20
1.2.1 各种电能补充方式	8	1.4.2 国外充电接口类型	21
1.2.2 交流与直流充电	15	项目 5 电动汽车充电与高压作业规范	23
1.2.3 充电接口的标准	17	1.5.1 充电操作流程	23
项目 3 电动汽车充电模式	18	1.5.2 高压作业安全	24

模块 2
车载充电器及相关系统 29

项目 1 宝马汽车	29	2.2.1 高压系统组成	44
2.1.1 充电功能介绍	29	2.2.2 车载充电器	44
2.1.2 充电接口模块	29	2.2.3 充电电缆类型	45
2.1.3 充电 LED 状态灯	32	2.2.4 充电接口	46
2.1.4 充电接口盖	33	2.2.5 充电方式与过程	47
2.1.5 供电电子装置	34	2.2.6 直流充电	48
2.1.6 充电电缆	34	2.2.7 交流充电	49
2.1.7 便捷充电电子装置	36	项目 3 奥迪汽车	50
2.1.8 组合充电系统	37	2.3.1 充电网配电器	50
2.1.9 移动充电装置	42	2.3.2 车载充电器	50
项目 2 奔驰汽车	44	2.3.3 充电接口盖	51

2.3.4	充电 LED 状态灯	51	2.4.3	带充电功能的高压电控总成	67
2.3.5	充电接口类型	52	2.4.4	充电系统控制原理	72
2.3.6	充电方式与原理	54	项目 5	吉利汽车	74
项目 4	比亚迪汽车	56	2.5.1	充电系统概述	74
2.4.1	三合一充配电总成	56	2.5.2	车载充电器	76
2.4.2	烧结检测电路	65			

模块 3
移动式充电器　79

项目 1	宝马汽车	79	项目 2	奥迪汽车	82
3.1.1	部件功能与电路原理	79	3.2.1	高压充电系统操纵单元	82
3.1.2	组成部件介绍	81	3.2.2	专用插座介绍	83

模块 4
壁挂式充电器　84

项目 1	概述	84	项目 2	比亚迪汽车	87
4.1.1	充电方式及特点	84	4.2.1	壁挂式充电盒结构	87
4.1.2	充电连接电路	85	4.2.2	充电枪常见故障及检测	88

模块 5
交流充电桩　90

项目 1	宝马汽车	90	项目 2	江淮汽车	93
5.1.1	交流充电设备与充电枪	90	5.2.1	充电桩功能及原理	93
5.1.2	交流充电电路	92	5.2.2	电路检测与故障判别	94

模块 6
直流充电桩　96

| 项目 1 | 概述 | 96 | 6.1.1 | 充电桩技术要求 | 96 |

6.1.2 充电桩类型与特点	97	6.2.1 充电站（桩）简介	98
项目2　充电桩构造原理	98	6.2.2 构造与工作原理	98

模块7
充电系统温度管理　101

项目1　奥迪汽车	101	项目2　宝马汽车	105
7.1.1 温度管理系统部件	101	7.2.1 高压冷却系统概览	105
7.1.2 直流充电温度管理	102	7.2.2 高压充电冷却系统功能	107
7.1.3 交流充电温度管理	103		

模块8
充电装置的维修　109

项目1　部件保养与维护	109	排除	131
8.1.1 充电操作规范	109	8.4.2 壁挂式充电盒故障解析	132
8.1.2 充电接口保养方法	110	8.4.3 壁挂式充电盒故障排除	134
项目2　部件拆卸与安装	111	8.4.4 充电桩故障排除	136
8.2.1 壁挂式充电盒安装方法	111	项目5　系统故障诊断	137
8.2.2 充电盒拆解与部件更换	114	8.5.1 充电桩电路检测与故障诊断	137
8.2.3 充电桩充电模块连接器更换	119	8.5.2 充电桩故障提示及其指示灯状态	141
8.2.4 充电桩部件更换操作步骤	120	项目6　典型维修案例	141
项目3　系统电路检测	129	8.6.1 充电接口故障维修	141
8.3.1 充电接口端子检测	129	8.6.2 交流充电故障维修	146
8.3.2 车载充电器的检测	129	8.6.3 直流充电故障维修	156
项目4　常见故障排除	131		
8.4.1 车载充电器电路检测与故障			

附录
电动汽车充电系统电路图

模块1
概述

项目1 电动汽车常用电池

1.1.1 铅酸电池

铅酸电池是一种较早的电池系统（始于19世纪50年代），目前仍然有数以百万计的车辆用这种电池提供电能。铅酸电池在传统燃油车辆中被作为启动发动机的启动电池使用，此外，其也可以在发动机处于静止状态时的有限时间内为用电器提供电流。车用铅酸电池结构如图1-1所示。

铅酸电池使用经过稀释的硫酸（H_2SO_4）作为电解液。在充电状态下，铅酸电池的正极被氧化为二氧化铅（PbO_2），而负极则被还原为绒状铅（Pb）。电池放电时，将会在两个电极处生成硫酸铅（$PbSO_4$）。

可以通过以下化学式对放电时的整个反应进行描述。

$$Pb + PbO_2 + 2H_2SO_4 \longrightarrow 2PbSO_4 + 2H_2O$$

电解槽主要由正负极、隔板和组装所需部件构成，化学反应如图1-2所示。每个电解槽都输出2V电压，6个电解槽串联在一起可以提供12V的电池电压。铅酸电池的能量密度约为30Wh/kg。

铅酸电池主要用作12V低压电池或低速电动汽车的动力电池，如图1-3所示为低速电动汽车上所装用的免维护铅酸电池组。

1.1.2 镍氢电池

镍氢电池（NiMH电池）的电解槽可以提供1.2V的电压，NiMH电池的能量密度约为

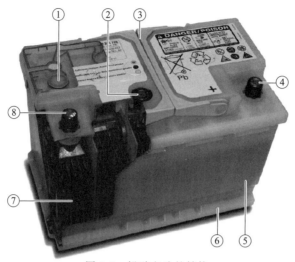

图 1-1　铅酸电池的结构

1—密封塞；2—液体比重计（电眼）；3—提手；4—蓄电池的正极接线柱；5—蓄电池壳体；
6—用于固定蓄电池的底部滑轨；7—由正极板组和负极板组构成的极板组；
8—蓄电池的负极接线柱

80Wh/kg，在 NiMH 电池中几乎不会出现记忆效应。这种电池可以在短时间内以几乎恒定的电压释放存储的电能。

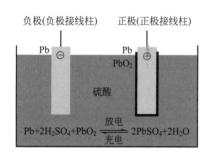

图 1-2　铅酸电池中的化学反应

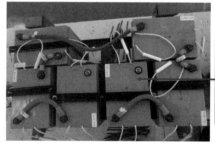

图 1-3　低速电动汽车装用的铅酸电池组

NiMH 电池对过度充放电、过热和电极错误的反应较为敏感。此外，其对温度也比较敏感，当达到冰点附近的温度时会出现明显的容量损失。阳极由能够可存储氢的金属合金制成，氢以晶格形式存储在该合金内，这样就形成了一个氢金属电池。由氢氧化镍制成的阴极位于含有 20%KOH 的电解液中。放电时氢被氧化，同时在两个电极处产生 1.32V 的电压。为了在放电结束时形成氢氧化金属，负电极的尺寸比正电极大得多。镍氢电池的原理与构造如图 1-4 所示。

丰田普锐斯（PRIUS）Hybrid，是日本丰田汽车公司于 1997 年推出的世界上第一个大规模生产的混合动力车款，丰田第三代普锐斯采用 201.6V（1.2V×6 格×28 块）直流镍氢电池，2003 款车型为 273.6V（1.2V×6 格×38 块），丰田为第四代普锐斯提供了两种电池选择，较为传统的镍氢电池和目前比较流行的锂离子电池。两款电池的输出电压相近，锂离子电池的输出电压为 207.2V，镍氢电池则为 201.6V；体积也相似，锂离子电池大小约为

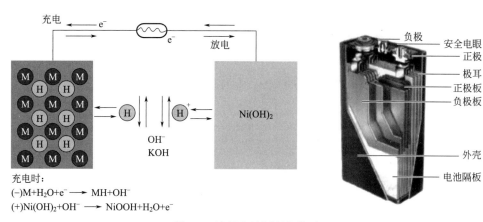

充电时:
(−)M+H₂O+e⁻ ⟶ MH+OH⁻
(+)Ni(OH)₂+OH⁻ ⟶ NiOOH+H₂O+e⁻

图 1-4 镍氢电池原理与构造

30.5L（约 1.1 立方英尺），镍氢电池约为 35.5L（约 1.25 立方英尺）。第三、四代普锐斯技术参数对比如表 1-1 所示，第三代普锐斯所配镍氢电池模块结构见图 1-5。

表 1-1 第三、四代普锐斯技术参数对比

项目	第三代 PRIUS	第四代 PRIUS（镍氢电池版）	第四代 PRIUS（锂离子电池版）	PRIUS Plug-in Hybrid	PRIUS Prime
汽车动力类型	HEV	HEV	HEV	PHEV	PHEV
车型年代	2010、2011、2012、2013、2014、2015	2016、2017、2018	2016、2017、2018	2012、2013、2014、2015	2017、2018
电池类型	镍氢电池	镍氢电池	锂离子电池	锂离子电池	锂离子电池
电池能量/kWh	1.31	1.31	0.75	4.4	8.8
电池包质量/kg	39	39	24	80	120
电池包能量密度/(Wh/kg)	33.6	33.6	31	55.7	73.2
电池额定电压/V	201.6	201.6	207.2（单体 3.7）	207.2（单体 3.7）	351.5（单体 3.7）
电池额定容量/Ah	6.5	6.5	3.6	21.5	25
驱动桥型号	P410	P610 HEV	P610 HEV	P610 PHEV	P610 PHEV
发动机排量/L	1.8	1.8	1.8	1.8	1.8
发动机最大功率/kW	73	72	72	73	72
发动机最大转矩/Nm	142	142	142	142	142
电机类型	永磁同步电机	永磁同步电机	永磁同步电机	永磁同步电机	永磁同步电机
电机峰值功率/kW	60	53	53	60	53+23
电机峰值转矩/Nm	207	163	163	207	163+40
电机最高转速/(r/min)	13500	17000	17000	13500	17000｜10000
电机驱动减速比	8.612	10.835	10.835	8.612	12.303

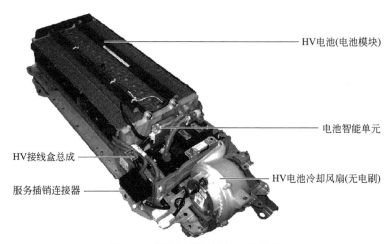

图 1-5 普锐斯所用镍氢电池模块

1.1.3 磷酸铁锂电池

常见锂离子电池的正极由多层锂金属氧化物（例如 $LiCoO_2$ 或 $LiNiO_2$）制成，负极则由多层石墨制成。两个电极都位于无水电解液中。隔板安装在两个电极之间。

通过推移锂离子在锂离子电池上可以产生一个源电压。在电池充电过程中带有正电荷的锂离子通过电解液由正极移动至负极的石墨层。锂离子与石墨（碳）进行化合，同时不破坏石墨的分子结构。放电时锂离子重新返回至金属氧化物中，电子可以通过外部电路流至正极。锂离子和石墨反应后在负极上可以产生一个保护层，该保护层可以让较小的锂离子通过，而电解液中的分子则无法通过。锂离子电池内部结构如图 1-6 所示。

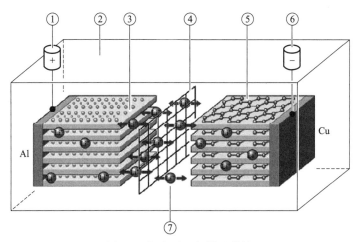

图 1-6 锂离子电解槽的结构

1—正极；2—带有电解液的壳体；3—锂金属氧化物；4—隔板；5—石墨层；6—负极；7—锂离子

锂离子电池的自放电较小，且因为锂离子的移动力较高所以其效率可达 96%。该效率的大小取决于温度，在低温下将会大幅下降。

一个普通锂离子电解槽可以提供的额定电压为 3.6V，锂离子电解槽的电压是镍氢电池的三倍。过度放电至 2.0V 会导致电池出现不可逆损坏和容量损失，因此不允许过度放电。相应的功率密度为 300～1500W/kg，能量密度为 90～140Wh/kg。

使用锂离子电池时应注意它的一些特点。电池的机械损伤可能会导致电解槽短路；高强度电流会导致壳体熔化和起火；锂离子电池的外壳虽然是密封的，但请不要将它放入水中。因为锂离子电解槽会和水发生剧烈反应，特别是在满电情况下。因此不能用水而应该用沙土扑灭燃烧的电池。

因受加工条件限制，锂离子电解槽的参数各不相同，例如容量。电池是由多个电解槽共同组成的，所以必须对电解槽进行单独监控，这便是电池管理系统的任务。必要时该系统可以保证各电解槽不会过度充电或过度放电并保持各电解槽之间的电荷平衡。

磷酸铁锂电池全名是磷酸铁锂锂离子电池，简称为磷酸铁锂电池。由于其性能特别适于做动力方面的应用，故又称为磷酸铁锂动力电池，也有把它称为锂铁（LiFe）动力电池的。磷酸铁锂动力电池是用磷酸铁锂（$LiFePO_4$）材料作电池正极的锂离子电池，是锂离子电池家族的成员。目前用作锂离子电池正极材料的主要有：$LiCoO_2$、$LiMn_2O_4$、$LiNiO_2$ 及 $LiFePO_4$。这些组成电池正极材料的金属元素中，钴（Co）最贵，并且存储量不多，镍（Ni）、锰（Mn）较便宜，而铁（Fe）最便宜。

$LiFePO_4$ 电池的内部结构如图 1-7 所示。左边是橄榄石结构的 $LiFePO_4$ 作为电池的正极，由铝箔与电池正极连接；中间是聚合物的隔膜，它把正极与负极隔开，但锂离子 Li^+ 可以通过而电子 e^- 不能通过；右边是由碳（石墨）组成的电池负极，由铜箔与电池的负极连接。电池的上下端之间是电池的电解质，电池由金属外壳密闭封装。$LiFePO_4$ 电池在充电时，正极中的锂离子 Li^+ 通过聚合物隔膜向负极迁移；在放电过程中，负极中的锂离子 Li^+ 通过隔膜向正极迁移。锂离子电池就是因锂离子在充放电时来回迁移而命名的。

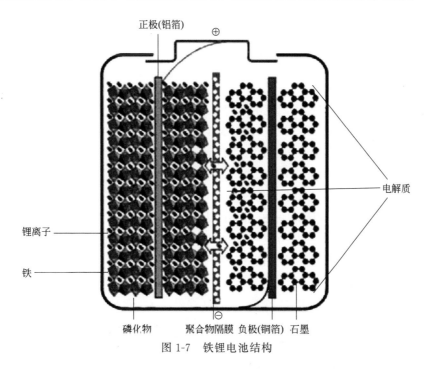

图 1-7　铁锂电池结构

比亚迪制造的绝大部分电动汽车，以及多数国产低端电动车型配载的一般都是磷酸铁锂电池。以比亚迪汉 EV 车型为例，该车型装载的是比亚迪最新研发的磷酸铁锂"刀片电池"，电池系统能量密度为 140Wh/kg。汉 EV 分为单电机和双电机版本，其中单电机版车型最大功率 222hp（1hp＝0.735kW），峰值转矩 330Nm，整备质量 2020kg，NEDC 综合续驶 605km；双电机车型搭载的是最大功率 222hp 的前驱动电机和 272hp 的后驱动电机，整备质量 2170kg，NEDC 综合续驶 550km。

"刀片电池"是比亚迪开发的长度大于 0.6m 的大电芯，通过阵列的方式排布在一起，就像"刀片"一样插入到电池包里面。一方面可提高动力电池包的空间利用率，增加能量密度；另一方面能够保证电芯有足够大的散热面积，可将内部的热量传导至外部，从而匹配较高的能量密度。根据专利信息，该电芯可实现无模组，直接集成为电池包（即 CTP 技术），从而大幅提升集成效率。汉 EV 由"刀片电池"组装的动力电池包内部形态如图 1-8 所示。

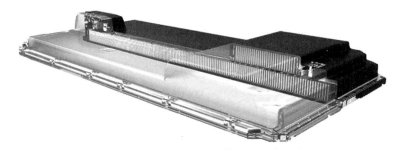

图 1-8　比亚迪汉 EV 所使用的刀片电池

1.1.4　三元锂电池

三元锂电池又称三元聚合物锂电池，三元锂电池的"三元"指的是包含镍（Ni）、钴（Co）、锰（Mn）或铝（Al）三种金属元素的聚合物（前三种组合简称 NCM，后三种组合简称 NCA），在三元锂电池中作正极。三者缺一不可，在电池内部发挥巨大的作用。镍的主要作用是提升电池的体积能量密度，是提升续驶里程的主要突破口，但镍含量过多会导致镍离子占据锂离子位置（镍氢混排），使电池容量下降。钴的作用为抑制阳离子的混排，用以提升稳定性和延长电池的寿命，此外钴也决定了电池的充放电速度和效率，但过高的钴含量会导致实际容量降低。钴是十分昂贵的稀有金属，成本高。锰或铝的作用在于降低正极材料成本，同时提升电池的安全性和稳定性。

三元锂电池最大优势在于电池能量密度高，其能量密度通常在 200Wh/kg 以上，相对于磷酸铁锂电池的 90～140Wh/kg，更适合乘用车市场对续驶里程的需求。但是三元锂电池材料在 200℃左右会分解，释放氧分子，在高温作用下电解液会迅速燃烧，引发电池自燃和爆炸风险，因此它对电池管理要求很高，需要做好过充保护（OVP）、过放保护（UVP）、过温保护（OTP）和过流保护（OCP）等。

松下三元锂电池采用的正极材料是 NCA（镍钴铝），三种材料配比为 80%∶15%∶5%，在负极上，松下使用了碳硅材料。硅的克容量为 4200mAh/g，而纯石墨负极克容量仅为 373mAh/g，掺入了硅的碳硅负极材料克容量能够达到 400～650mAh/g 的水平，进一步提高了电池的能量密度。在特斯拉早期电动车型上，装用的是松下提供的 18650 圆柱锂电池，在特斯拉 Model 3 上则采用新型的 21700 圆柱形电池，松下实现了单体电芯能量密度 300Wh/kg 的指标。

特斯拉（TESLA）电动车的电池采用了松下提供的 NCA 系列（镍钴铝体系）18650 钴酸锂电池，整车的电池包分为 60kWh 和 85kWh 两类（早期产品），单颗电池容量为 3100mAh（毫安时，一般我们在电瓶上看到的单位是"安时"，这主要是根据不同容量的电池来选择不同的单位）。

85kWh 的 Model S 的电池单元一共运用了 8142 个 18650 锂电池，组装时首先将这些电池以单元、模组逐一平均分配，最终组成一整个电池包，电池包位于车身底板，如图 1-9 所示。

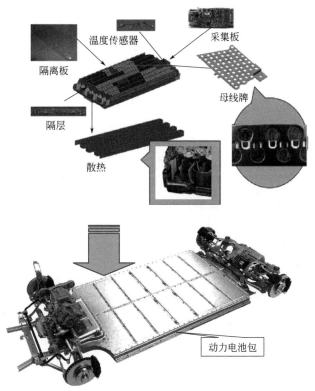

图 1-9 动力电池包组成

虽然 18650 钴酸锂电池是满足较高续驶里程的关键，但它在高温状态下的稳定性相比镍钴锰酸锂（NCM）电池和磷酸铁锂电池则要稍差些，因此，在安全性方面就需要技术的有力支撑。

电池包内每一节 18650 钴酸锂电池两端均设有保险装置，每个电池片和每个电池模块也都有保险装置，一旦发现某一单元内部出现问题，保险装置都会切断其与其他电池单元的联系，从而避免影响整体电池性能的情况出现。另外，每个电池片之间都有相对独立的空间，由防火墙相隔，即便是单个电池片内部出现了起火的情况，火势也可得到一定控制，不至于迅速蔓延至整个电池包。动力电池包组成局部特征如图 1-10 所示。

保险装置是动力电池包最后一道屏障，当它切断的时候也就意味着某个电池单元出现了问题，如果涉及更换，整个电池包可以以模组为单位进行更换。每两节电池之间以并联的形

图 1-10 动力电池包组成局部特征

式连接，而电池单元之间和电池模组之间分别以串联的形式连接，也就是说，在实际用车过程中，当某节电池出现问题时，车辆不会抛锚，受到影响的只是车辆的续驶里程。

项目 2 电动汽车充电方式

1.2.1 各种电能补充方式

1.2.1.1 增程型电动汽车的充电方式

传祺 GA5 车型可使用标准充电桩或者普通民用 220V 电源进行充电，充电枪会自动根据允许电流值选择充电功率曲线进行充电，约 6h 可充满电量，电量更可直观地通过充电指示灯观察。

车辆充电方式有快充与慢充之分，但由于增程纯电传祺车辆无里程担忧问题，故车辆只配备慢充功能。而理想 ONE 车型则同时具备慢充和快充功能，车辆左侧的充电接口有慢充和快充两种，慢充充满电量需 6h 左右，而快充从 30% 电量至充满需要 30min 左右，燃油加注与充电接口位置如图 1-11 所示。

(a) 燃油加注口　　(b) 充电接口

图 1-11 理想 ONE 的加油与充电接口

慢充分为预充电、恒流充电与涓流（恒压）充电三个阶段，如图 1-12 所示。

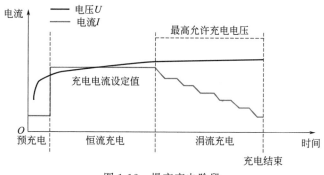

图 1-12　慢充充电阶段

预充电不是每次充电都经历，当电池电压较低（<2.7V）时，如果直接进入恒流充电会损害电池寿命，先进行恒流预充，当电压升高至一定值时，开始恒流充电。

以恒定电流充电至 70%~80% 电池电量时，电压达到最高压限制电压，开始恒压充电。涓流（恒压）充电以 30% 的时间充 10% 的电量。

同时使用交/直流充电的充电系统电路结构如图 1-13 所示。

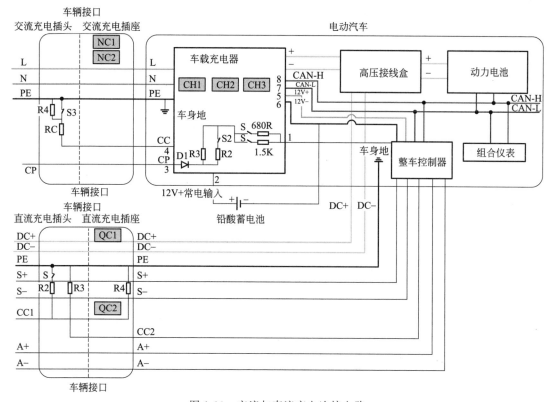

图 1-13　交流与直流充电连接电路

以宝马 i3 车型为例，增程器系统由 W20 发动机、增程电机、增程电机电子装置和增程器数字式发动机电子系统构成。

动力电池电量不足时，通过增程电机启动 W20 发动机。在此情况下，增程电机处于电机运行模式。通过动力电池提供启动 W20 发动机的电能。启动 W20 后，增程电机就会从电机运行模式切换为发电机运行模式并产生电能以便通过（主）电机驱动车辆。W20 发动机的机械能通过增程电机仅转换为电能。（主）电机使用该电能并将其转换为用于驱动后车轮的机械能。

　　增程电机是一个同步电机。其基本结构和工作原理与带内转子的永磁同步电机相同，转子位于内部且装有永久磁铁，定子由带铁芯的三相绕组构成，以环形方式布置在转子外围。如果在定子绕组上施加三相交流电压，所产生的旋转磁场（在电机运行模式下）就会"带动"转子内的磁铁。增程电机通过六个螺栓与 W20 发动机壳体固定在一起。发动机曲轴与增程电机之间通过一个啮合轴进行动力传输。

　　增程电机电子装置（REME）的主要任务是控制增程电机。它将动力电池的直流电压转换为用于控制增程电机（作为电机）的三相交流电压（最高约为 420V AC），此时最高电流为 200A。反之，增程电机作为发电机运行时，增程电机电子装置将增程电机的三相交流电压转换为直流电压，从而为车辆提供驱动能量，此时持续输出的三相电流约为 130A。对于这两种运行方式来说都需使用双向 DC/AC 转换器，该转换器可作为逆变器和直流整流器工作。

　　REME 通过一根两芯高压导线与 EME（电机电子装置）连接。EME 将 REME 的较高直流电压转换为三相交流电压并将其输送至电机，电机根据驾驶员要求消耗相应电能。如果电机未完全消耗所提供电能，可将其中部分能量用于动力电池充电。在装有便捷充电电子装置（KLE）的车辆上，REME 通过一根两芯高压导线和一个扁平高压插头连接到 KLE 上。KLE 同样通过一根两芯高压导线和一个扁平高压插头连接到 EME 上。由增程电机产生的三相交流电通过 REME 转换为直流电并通过高压导线从 REME 经由 KLE 输送至 EME。各部件之间的电气连接如图 1-14 所示。

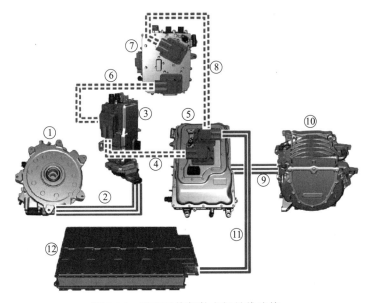

图 1-14　增程系统部件之间导线连接

1—增程电机；2—增程电机与 REME 之间的三相高压导线；3—REME；4—REME 与 EME 之间的两芯高压导线；5—EME；6—REME 与 KLE 之间的两芯高压导线；7—KLE；8—KLE 与 EME 之间的两芯高压导线；9—EME 与电机之间的三相高压导线；10—电机；11—EME 与动力电池之间的两芯高压导线；12—动力电池

1.2.1.2 纯电动汽车的充电方式

纯电动汽车充电系统包含很多零部件，包括车载充电器、充电接口、DC/DC 变换器及相关线束。车载充电器主要功能是将交流 220V 市电转换为高压直流电给动力电池充电，保证车辆正常行驶。充电接口是充电桩与车辆对接的唯一接口。DC/DC 变换器主要功能是将动力电池高压电转换为 12V 低压电，供整车低压系统用电。主要相关的线束有高压线束、充电线束、充电线、前机舱线束（低压控制及低压供电），如图 1-15 所示。

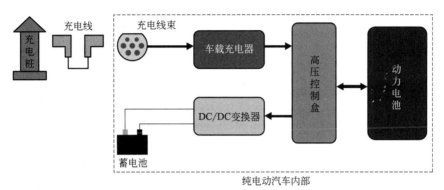

图 1-15　充电系统设计架构

纯电动汽车充电系统的低压部分主要用于低压供电及控制信号，控制网络总线与控制方式如图 1-16、图 1-17 所示。

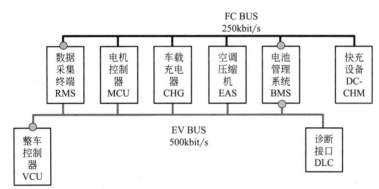

图 1-16　CAN 网络

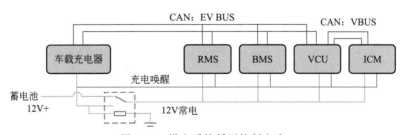

图 1-17　慢充系统低压控制方式

车载充电器相关低压部分组成及作用：a. 12V 模块供电，供充电过程中 BMS、VCU、仪表等用电。b. CAN 通信，BMS 通过 CAN 通信控制车载充电器工作状态。

充电接口相关低压部分组成及作用：CC，检测充电线可耐受的电流；CP，受电网控制充电机最大功率。

DC/DC 变换器低压部分：通过 VCU 控制 DC/DC 变换器工作及关闭，提供 +12V 整车低压系统用电及为低压蓄电池充电，控制方式如图 1-18 所示。

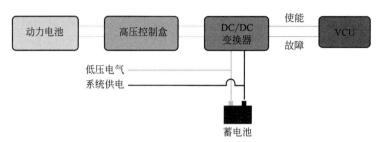

图 1-18　DC/DC 变换器控制方式

慢充系统作为纯电动汽车的核心，动力电池的充电过程由 BMS 进行控制及保护。

车载充电器工作状态及指令均由 BMS 发出的指令控制，包括工作模式、动力电池允许最大电压、充电允许最大电流、加热状态电流值。

处于加热状态时，BMS 将闭合主负继电器和加热继电器，通过 PTC 给动力电池包内的电芯进行加热。此时动力电池相当于一个电阻负载，充电器对负载直接供电，充电器不判断其输出端电压即闭合继电器开始工作。

处于充电状态时，BMS 将闭合主正及主负继电器，车载充电器将先判断其输出端电压值，当检测到电压值满足充电后，充电机将闭合其输出端继电器，并开始工作。动力电池继电器工作状态及控制顺序如图 1-19～图 1-21 所示。

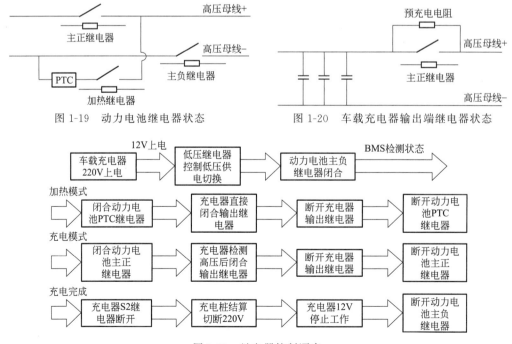

图 1-19　动力电池继电器状态　　　　图 1-20　车载充电器输出端继电器状态

图 1-21　继电器控制顺序

慢充控制顺序如表 1-2 所示。

表 1-2 慢充控制顺序

车载充电器	动力电池及 BMS	VCU、仪表及数据采集终端
220V 上电	待机	待机
12V 低压供电并等待指令	唤醒	
接收指令并执行加热流程	BMS 检测电池状态并发送加热指令	
接收指令并停止工作	BMS 监控电池温度并发送停止指令	唤醒
接收指令并执行充电流程	BMS 待充电器反馈后发送充电指令	
接收指令并停止工作	BMS 监控电池状态并发送完成指令	
完成后 1min 控制充电桩结算	待机	待机

电动汽车的快充充电即直流充电,快充控制方式与原理请参见 1.2.2.2 小节内容。

1.2.1.3 插电混动汽车的充电方式

插电混动汽车的充电具有增程型汽车的特点,即通过发动机-发电机将机械能转变为电能为动力电池充电,同时也具备纯电动汽车交/直流充电的功能。控制方式与原理可参考 1.2.1.1 与 1.2.1.2 小节内容。

1.2.1.4 制动能量回收方式与原理

以比亚迪唐 EV 车型为例,在超过一定车速行驶,驾驶员松油门或踩制动时,驱动电机电制动产生的反向力矩使车辆减速,同时将减速时产生的能量给电池包充电。

能量回馈强度模式分为较大回馈、标准回馈两种,整车仪表显示位置见图 1-22。

相比于标准回馈模式,较大回馈模式增大了减速度,在相同的行驶工况下,能回收更多的能量,一定程度上可增加整车续驶里程。

较大回馈模式下,松开加速踏板或踩下制动踏板后,整车驾驶体验减速感会加强,刚开始可能稍有不习惯,在行驶一段时间,

图 1-22 仪表显示能量回馈强度模式位置

掌握回馈介入时间后,便可轻松驾驭。如能熟练控制加速踏板,可减少行驶过程中制动踏板的使用,带来更加便捷的驾驶操作。

能量回馈不能代替制动系统,特别是紧急制动必须使用制动踏板。可根据实际路况、车况和行车环境,合理使用加速、制动踏板。较大回馈模式使用时需注意与前、后车的行车距离,确保行车安全。

若感觉较大回馈模式影响个人驾驶感受,可按以下步骤调回标准回馈模式。

多媒体手动设置步骤如下:①点击 Pad(中控屏)多媒体左下方"设置";②选择"驾驶";③选择"行车辅助";④选择能量回馈强度"标准"/"较大",操作界面如图 1-23 所示。

图 1-23 制动能量回收设置

纯电动汽车制动能量回收系统可以把车辆减速时消耗的能量储存到蓄电池重复利用，增大车辆的续驶里程，减少制动摩擦部件的损耗。制动能量回收系统组成部件如图 1-24 所示。

制动能量回收系统有两种能量回收方式，滑行制动能量回收和制动能量回收。

- 行驶中当驾驶员松开加速踏板需要减速时，制动能量回收系统会根据设定的能量回收挡位对车辆进行减速，最强挡位可达到 $0.2g$；
- 行驶中踩下制动踏板，制动能量回收系统会根据当前的减速请求，分配电机制动与液压制动的比例，保证能量回收的最大化。

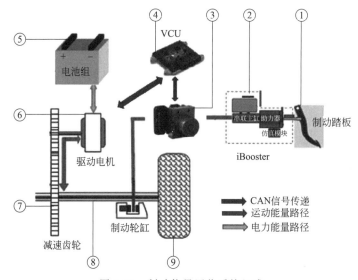

图 1-24 制动能量回收系统组成

1—制动踏板；2—iBooster 电子制动助力器；3—ESC 控制模块；4—VCU 整车控制器；
5—动力电池；6—驱动电机；7—减速器；8—驱动轴；9—车轮

一般情况下，车辆行驶过程中需要减速时，驾驶员松开加速踏板或者踩下制动踏板，制动能量回收系统控制器识别驾驶员的减速请求，优先采用回收制动。整车控制器把回收转矩请求发送给驱动电机，驱动电机产生相应的阻力矩，通过驱动轴传递给车轮，车轮与地面的摩擦力使车辆减速。而克服电机阻力矩做功产生的电能被回收到动力电池。

制动能量回收功能是自动触发的,可能的触发操作如下:①松开加速踏板;②踩制动踏板;③外部控制器发送制动请求。

系统工作需要满足以下条件:①系统部件无故障;②车速>7km/h;③电池电量小于95%;④车辆稳定行驶,无紧急制动、紧急转向等极限操作。

ESC控制器根据车辆运行状态以及外部制动请求,分配能量回收制动转矩和液压制动转矩,并把能量回收制动转矩请求发送给VCU,由VCU传递给电机执行。

能量回收系统工作时,ESC+iBooster组合可协调控制能量回收制动与液压制动,保持踏板操控感不变。

1.2.2 交流与直流充电

1.2.2.1 交流充电(慢充)控制流程

当VCU(整车控制器)判断整车处于充电模式时,吸合M/C继电器,根据动力电池的可充电功率及车载充电器的状态,向车载充电器发送充电电流指令。同时,车载充电器吸合交流充电继电器,VCU吸合系统高压正极继电器和高压负极继电器,动力电池开始充电。控制原理框图如图1-25所示,输入输出信号见表1-3。

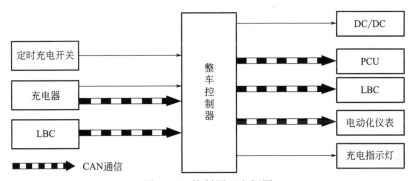

图 1-25 控制原理方框图

表 1-3 输入输出信号

输出信号/控制器	信号名	输入部件	信号类型
定时充电开关	定时充电开关信号	VCU	电压
LBC(本地总线控制器)	动力电池总压	VCU	CAN
	动力电池单体最高电压		CAN
	动力电池单体最低电压		CAN
	动力电池单体最高温度		CAN
	动力电池单体最低温度		CAN
车载充电器	交流充电唤醒信号		电压
	充电器状态		CAN
VCU	充电电流指令	车载充电器	CAN
	充电电压指令		CAN
	充电指示灯指令	充电指示灯	电压

车辆处于交流充电状态时,冷却水泵工作状态如表 1-4 所示。

表 1-4　冷却水泵工作状态

冷却液温度/℃	占空比		
	小于等于 55℃时	大于 55℃小于等于 80℃时	大于 80℃时
>60	98	98	98
≤60	10（停）	30	98

交流（慢充）充电工作流程如图 1-26 所示。

充电桩 ➡ 充电线 ➡ 车辆接口 ➡ 充电机 ➡ 高压接线盒 ➡ 动力电池

图 1-26　交流充电流程图

1.2.2.2　直流充电（快充）控制流程

当直流充电设备接口连接到整车直流充电接口时,直流充电设备发送充电唤醒信号给 VCU,VCU 吸合 M/C 继电器,根据动力电池的可充电功率及车载充电器的状态,向直流充电设备发送充电电流指令。同时,VCU 吸合直流充电继电器、系统高压正极继电器和高压负极继电器,动力电池开始充电。控制原理框图如图 1-27 所示,输入输出信号见表 1-5。

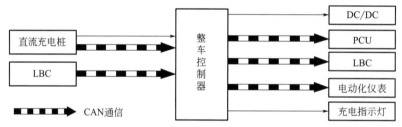

图 1-27　直流充电原理方框图

表 1-5　输入输出信号

输出信号/控制器	信号名	输入部件	信号类型
直流充电桩	直流充电唤醒信号		电压
	直流充电设备状态		CAN
LBC	动力电池总压	VCU	CAN
	动力电池单体最高电压		CAN
	动力电池单体最低电压		CAN
	动力电池单体最高温度		CAN
	动力电池单体最低温度		CAN
VCU	充电电流指令	直流充电设备	CAN
	充电电压指令		CAN
	充电指示灯指令	充电指示灯	电压

车辆处于直流充电状态，冷却水泵工作状态如表 1-6 所示。

表 1-6　冷却水泵工作状态

冷却液温度/℃	占空比
＞60	98
≤60	20

直流充电不经过车载充电器，其流程如图 1-28 所示。

充电桩 ➡ 车辆接口 ➡ 高压接线盒 ➡ 动力电池

图 1-28　直流充电（快充）工作流程

1.2.3　充电接口的标准

以宝马 i3 车型为例，动力电池的充电方式主要取决于车辆上的充电配置以及不同国家的充电基础设施。表 1-7 概括了不同国家使用的不同充电方式，在此，充电功率始终涉及网络功率，而非进行动力电池充电的充电功率，充电功率始终小于可提供的网络功率。

表 1-7　不同国家地区充电方式与接口类型

市场（左/右侧驾驶型）	充电系统	充电接口	配置（标准，选配）
欧洲（左侧驾驶型）	3.7kW 交流电充电	型号 2	标准
	Combo（7.4kW 交流电充电和 50kW 直流电充电）	Combo2	SA 4U7＋SA 4U8
欧洲（右侧驾驶型）	7.4kW 交流电充电	型号 2	标准，SA 4U8
	Combo（7.4kW 交流电充电和 50kW 直流电充电）	Combo 2	SA 4U7
美国（左侧驾驶型）	7.4kW 交流电充电	型号 1	标准，SA 4U8
	Combo（7.4kW 交流电充电和 50kW 直流电充电）	Combo 1	SA 4U7
日本（右侧驾驶型）	3.7kW 交流电充电和 50kW CHAdeMO 直流电充电	型号 1 和 CHAdeMO	标准，SA 4U7
中国大陆（左侧驾驶型）	3.7kW 交流电充电	型号 CN	标准
	7.4kW 交流电充电	型号 CN	SA 4U8
韩国（左侧驾驶型）和中国台湾（左侧驾驶型）	3.7kW 交流电充电	型号 1	标准
	7.4kW 交流电充电	型号 1	SA 4U8
	Combo（3.7kW 交流电充电和 50kW 直流电充电）	Combo 1	SA 4U7
	Combo（7.4kW 交流电充电和 50kW 直流电充电）	Combo 1	S4U7＋S4U8

续表

市场(左/右侧驾驶型)	充电系统	充电接口	配置(标准,选配)
澳大利亚(右侧驾驶型)和中国香港(右侧驾驶型)	3.7kW 交流电充电	型号 2	标准
	7.4kW 交流电充电	型号 2	SA 4U8
	Combo（3.7kW 交流电充电和50kW 直流电充电）	Combo 2	SA 4U7
	Combo（7.4kW 交流电充电和50kW 直流电充电）	Combo 2	SA 4U7+SA4U8
新加坡(右侧驾驶型)	3.7kW 交流电充电	型号 1	标准
	7.4kW 交流电充电	型号 1	SA 4U8
	Combo（3.7kW 交流电充电和50kW 直流电充电）	Combo 1	SA 4U7
	Combo（7.4kW 交流电充电和50kW 直流电充电）	Combo 1	SA 4U7+SA 4U8
其他市场(左侧驾驶型)或(右侧驾驶型)带型号 2 或 Combo 2 接口	3.7kW 交流电充电	型号 2	标准
	7.4kW 交流电充电	型号 2	SA 4U8
	Combo（3.7kW 交流电充电和50kW 直流电充电）	Combo 2	SA 4U7
	Combo（7.4kW 交流电充电和50kW 直流电充电）	Combo 2	SA 4U7+SA 4U8

项目 3　电动汽车充电模式

1.3.1　模式概览

在国际标准 IEC 61851-1（IEC 表示国际电工委员会）中规定了充电模式。表 1-8 汇总了各种充电模式的重要参数。

表 1-8　不同充电模式参数

模式类型	最大功率	与车辆通信	充电插头锁止
充电模式一	3.7kW(16A)	无	在车辆上
充电模式二	3.7kW(8～12A)	通过充电电缆内的模块	在车辆上
充电模式三	14.5kW(63A)	通过充电站内的模块	在车辆上和充电插座上
充电模式四	直流电(低)38kW 直流电(高)170kW	通过充电站内的模块	在车辆上和充电插座上

充电模式一和充电模式四不用于宝马 i3。进行直流充电（充电模式 4）时，在 i3 上执行 DIN（德国标准化协会）标准。

1.3.2 充电模式一

充电模式连接方式如图 1-29 所示。由于宝马 i3 不在车辆与供电装置之间进行通信，因此不使用依据 IEC 61851-1 的充电模式一。

图 1-29　IEC 充电模式一

1—普通家用插座；2—用于普通家用插座的插头；3—保护开关；
4—充电电缆；5—充电插头；6—车辆上的充电接口

1.3.3 充电模式二

充电模式二连接方式如图 1-30 所示，车辆与供电装置之间可通过集成式电缆箱进行通信。

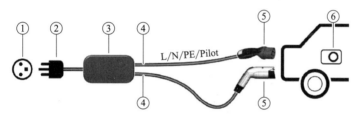

图 1-30　IEC 充电模式二

1—普通家用插座；2—用于普通家用插座的插头；3—集成式电缆箱；
4—充电电缆；5—充电插头（欧规和美规）；6—车辆上的充电接口

1.3.4 充电模式三

充电模式三连接方式如图 1-31 所示。在美国，充电电缆与交流电充电站之间不允许使

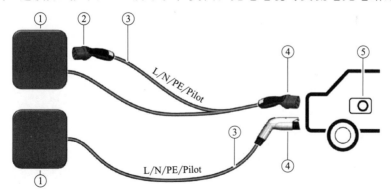

图 1-31　IEC 充电模式二

1—充电箱或充电站；2—用于连接充电箱或充电站的充电插头（仅用于欧洲）；3—充电电缆；
4—用于连接车辆的充电插头（欧规和美规）；5—车辆上的充电接口

用插接连接器。因此客户无法断开充电电缆与交流电充电站的连接。

项目 4　电动汽车充电接口

1.4.1　我国充电接口类型

充电插头也为标准化部件（IEC 62196-2），可根据车辆配置和不同国家的规格使用不同充电接口。表 1-9 为中国与日本的充电接口类型。

表 1-9　中国和日本充电接口类型

充电类型	中国	日本
交流电充电	GB/T 20234.2—2015	IEC 62196-2
直流电充电	GB/T 20234.3—2015/IEC 62196-3	CHAdeMO/IEC 62196-3

我国使用的交流与直流充电接口样式如图 1-32、图 1-33 所示，端子定义见表 1-10。

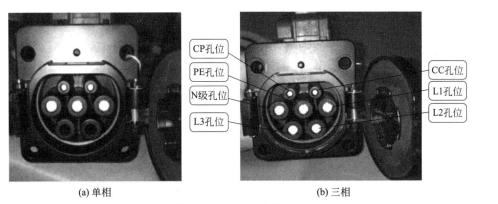

(a) 单相　　(b) 三相

图 1-32　交流充电接口

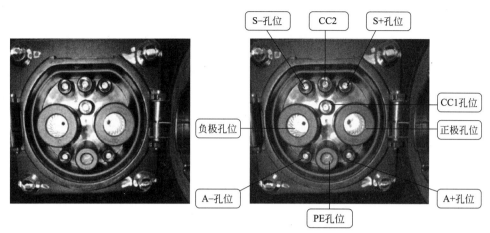

图 1-33 直流充电接口

表 1-10 充电接口端子定义

接口端子分布图示	端子名称	功能定义
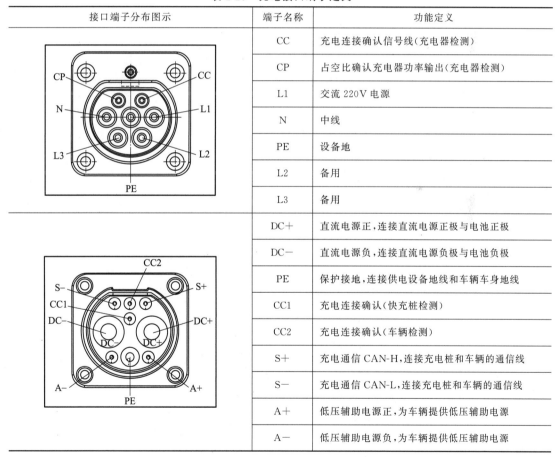	CC	充电连接确认信号线（充电器检测）
	CP	占空比确认充电器功率输出（充电器检测）
	L1	交流 220V 电源
	N	中线
	PE	设备地
	L2	备用
	L3	备用
	DC+	直流电源正，连接直流电源正极与电池正极
	DC−	直流电源负，连接直流电源负极与电池负极
	PE	保护接地，连接供电设备地线和车辆车身地线
	CC1	充电连接确认（快充桩检测）
	CC2	充电连接确认（车辆检测）
	S+	充电通信 CAN-H，连接充电桩和车辆的通信线
	S−	充电通信 CAN-L，连接充电桩和车辆的通信线
	A+	低压辅助电源正，为车辆提供低压辅助电源
	A−	低压辅助电源负，为车辆提供低压辅助电源

1.4.2 国外充电接口类型

表 1-11 为欧美地区的充电接口形式。

表 1-11　欧美地区充电接口类型

充电类型	欧洲（型号 2）	美国（型号 1）
交流电充电	IEC 62196-2	SAE J1772/IEC 62196-2
Combo 充电（直流电充电）	IEC 62196-3 Combo 2	SAE J1772/IEC 62196-3 Combo 1

宝马 i3 充电接口与传统发动机车辆燃油加注口所在位置完全相同。与加注燃油时必须打开燃油箱盖一样，在 i3 上也必须打开充电接口盖。按压充电接口盖可操作开锁按钮从而使充电接口盖开锁。此外，接口盖内还有一个橡胶防护盖防止充电接口受潮和被弄脏。因此充电接口满足防护等级 IP5K5 要求。充电接口盖和接口分配情况参见图 1-34。

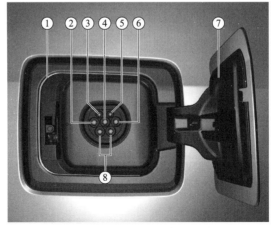

图 1-34　车辆上的充电接口（欧规）
1—定向照明装置；2—相位 L1 接口；3—接近导线接口；4—地线 PE 接口；
5—控制导线接口；6—零线 N 接口；7—充电接口盖；8—未使用的接口

充电接口的高压导线与电机电子装置相连。相位 L1 和零线 N 采用带有屏蔽层的高压导线设计，端部通过一个扁平高压插头连接电机电子装置的交流充电接口。控制导线和接近导线使用普通信号导线。

这些信号导线也带有屏蔽层，端部连接充电接口模块 LIM 内的一个插头。地线在充电接口附近与车辆接地电气连接，通过这种方式使车辆接地。

充电插头在 i3 的充电接口上以电气方式锁止，只要有充电电流流动，电气锁止功能就会一起启用。这样可以防止在承受负荷状态下（电流流动时）拔出充电电缆时产生电弧。有一个 C 形光导纤维围绕在车辆充电接口周围，其可显示出充电状态。通过两个由 LIM 控制的 LED 进行光导纤维照明。

项目 5　电动汽车充电与高压作业规范

1.5.1　充电操作流程

1.5.1.1　充电操作规范

① 车辆可靠停稳，关闭车辆驱动系统。

② 将 3 极电源标准插头（250V，16A）正确可靠地插入供电电源设备相应的标准插座内，不得触摸移动充电插头的任何端子，以防触电。

③ 将移动充电插头正确可靠地插入待充电车辆充电接口内，移动插头的机械锁止卡钩进入相应的卡槽中，锁住移动插头，防止意外脱落。

④ 充电完成后，或任何时间意图终止充电，先按住移动充电插头上的红色按钮，将机械锁止卡钩脱离相应的卡槽，同时将移动插头慢慢拔出，不得触摸移动充电插头的任何端子，以防触电。

⑤ 将 3 极电源标准插头（250V，16A）正确地从供电电源设备相应的标准插座中拔出。

⑥ 将移动充电电缆整理好，放置在合适位置。

⑦ 将充电接口防护橡胶盖盖住充电接口，合上充电接口盖板。

⑧ 正在充电时，不得随意打开前舱盖板、触摸车载电气件，不得对整车电气系统有任何维修工作。

⑨ 意外停电且充电电缆与供电电源设备连接时，不得随意打开前舱盖板、触摸车载电气件，不得对整车电气系统有任何维修工作，防止突然来电对人员构成意外伤害。

1.5.1.2　充电前检查要求

① 充电场所应具备防雨、雪设施，不得有任何易燃易爆物品出现。

② 供电电源设备应该具备漏电保护装置。

③ 供电电源设备、待充电车辆、移动充电电缆和移动充电插头不得置于有雨、雪、积水或靠近火源的环境之中。

④ 充电时必须保障充电场所通风，不得在密闭的狭小的空间里进行充电。

⑤ 待充电车辆在合适位置可靠停稳，车辆尾部与供电电源之间距离一般不大于 4m，确保充电电缆在供电电源设备和充电插座之间不完全悬空。

⑥ 充电场所内不允许出现积水，不允许采用自动喷水灭火装置，必须配备二氧化碳灭

火器。

⑦ 打开待充电车辆的充电接口盖板,打开充电接口防护橡胶盖,检查充电接口内是否干燥。如果接口内有可见水现象,需要将水去除后方可使用充电功能。

1.5.2　高压作业安全

1.5.2.1　作业前准备工作

混合动力汽车和电动汽车上的高压车载网络以最高 650V 的直流电压工作且必须提供较大电能。其高压电部分连接线束呈橙色,部分高压部件上都有警示标志,如图 1-35 所示。如果不遵守作业要求,将导致严重伤害,甚至有生命危险。

图 1-35　高压部件警示标志

工作人员一定要穿好绝缘鞋,不要携带金属物品,如口袋里不要装硬币等。使用 1000V 耐久性的绝缘手套,并在使用前确认是否破损,在未佩戴手套的情况下不要直接接触高压电部分。

进行场地检查,在比较明显的位置使用三角警示牌显示"高压作业中触摸危险"字样提醒其他人员。将维修车辆停放在维修工作区域时,先确认地面和发动机舱内没水,不允许在潮湿的环境下作业。确认工作区域内配有二氧化碳灭火器。

准备所需维修工具,确认维修工具经过绝缘处理。

切忌在手上沾有水时进行高压作业及在高压部件沾有水的状态下作业。在地面或周围湿度过高时,须停止作业。

切断高压系统电源,首先切断手动维修开关。

1.5.2.2　安全操作规范

① 在维修作业前需要采用安全隔离措施(使用警戒栏隔离),并树立高压警示牌,如图 1-36 所示,以警示相关人员,避免发生安全事故。

图 1-36　作业区域隔离与警示牌

② 在维修高压部件前,需将车身用搭铁线连接到混合动力及纯电动车型专用维修工位的接地线上。

③ 在检修有电解液泄漏的动力电池包时，需佩戴防护眼镜，以防止电解液溅入眼中。
④ 在车辆上电前，注意确认是否还有人员在进行高压维修操作，避免发生意外。
⑤ 检修高压线束时，对拆下的任何高压配线应立刻用绝缘胶带包扎绝缘。
⑥ 进行钣金维修时，必须采用干磨工艺，严禁采用水磨工艺。
⑦ 整车进入烤漆房进行烘烤工艺时，必须将动力电池包与整车分离。
⑧ 不能用手指触摸高压线束连接器里的带电部位以免触电，另外应防止有细小的金属工具或铁条等接触到连接器中的带电部位。
⑨ 发生异常事故和火灾时，操作人员应立即切断高压回路，其他人员立即使用灭火器扑救，使用干粉灭火器，严禁用水剂灭火器。
⑩ 当发生电池泄漏电解液时，切勿用手触摸，需用葡萄糖软膏进行稀释，不可用水稀释。
⑪ 对于空调制冷剂和冷冻油的回收、加注须用单独的专用设备进行，不能与燃油车型制冷剂加注及回收设备混用，避免对车辆空调系统及环境造成危害。
⑫ 作业中注意用于高压部件及区域提示的颜色或标识。
a. 橙色线束均为高压（适用于所有新能源车型，如图 1-37 所示的北汽新能源 EC200 车型）。
b. 动力电池包连至电源管理器的为红色电压采样线束（适用于部分新能源车型，如图 1-38 所示的比亚迪新能源车型）。

图 1-37 前机舱高压部件及橙色线束（北汽 EC200）

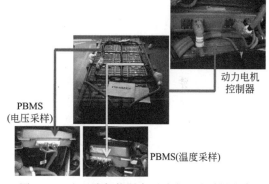

图 1-38 比亚迪新能源车型动力电池采样线束

c. 高压零部件有动力电池包、高压配电箱、车载充电器、太阳能充电器（如比亚迪 F3DM）、驱动电机控制器总成（前、后）、电驱总成（前、后）、电动压缩机总成、电加热器 PTC 芯体、漏电传感器等。图 1-39 所示为宝马 i3 高压部件分布。
⑬ 新能源汽车高压系统维修步骤（图 1-40）。
a. 切断车辆电源（将启动按钮设置在 OFF 挡），等待 5min。
b. 戴好绝缘手套。
c. 拔下手动维修开关并将其存放在规定的地方。
d. 在断开手动维修开关 5min 后，检修高压系统前，应使用万用表测量整车高压回路，确保无电。

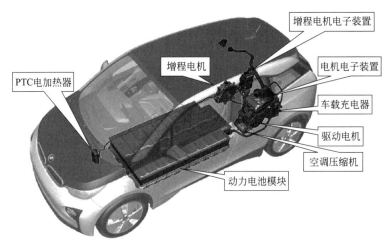

图 1-39　电动汽车高压系统部件（宝马 i3）

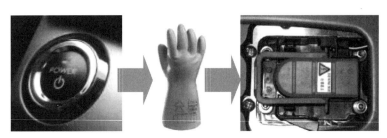

图 1-40　高压系统维修安全操作步骤

1.5.2.3　手动维修开关

手动维修开关位于动力电池包总成上方的左上角，连接了动力电池的一个正极和一个负极；它的主要作用是在车辆维修时直接断开高压回路，从而保证操作人员的安全。手动维修开关手柄在正常状态下处于水平位置；需要拔出时，应先将手柄旋转至竖直状态，再向上拔出；需要插上时，应先沿竖直方向用力向下插入，再将手柄旋转至水平状态。如图 1-41。

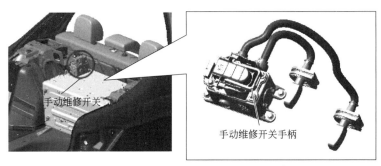

图 1-41　手动维修开关安装位置（比亚迪唐 DM）

手动维修开关内部安装有高压电路的主保险丝和互锁的舌簧开关，见图 1-42。

拉起手动维修开关上的卡子锁止器可断开互锁，从而切断动力电池正负极继电器。但为确保安全，务必将启动开关置于"OFF"位置，断开蓄电池负极接线柱，等待 10min 后再拆下手动维修开关。在执行任何检查或维修前,应先拆下手动维修开关,使高压电路在动力电池的中间位置切断,以确保维护期间的安全。

以江淮新能源车型为例,手动维修开关的取出步骤如下。

① 钥匙置于"LOCK"挡。

② 断开12V蓄电池负极。

③ 断开手动维修开关,位置见图1-43。

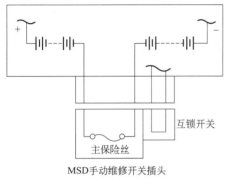

图1-42 手动维修开关内部原理

图1-43 手动维修开关位置

a. 打开手动维修开关上方的地毯盖板。

b. 拆下手动维修开关盖板四颗安装螺栓,拆除手动维修开关盖板。

c. 打开手动维修开关二次锁扣,见图1-44。

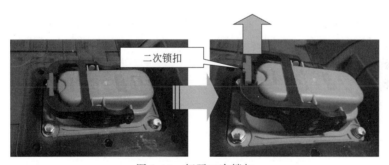

图1-44 打开二次锁扣

d. 按住卡扣,按图1-45所示方向转动手动维修开关把手,然后向上用力,至把手垂直,拿出手动维修开关。拔下手动维修开关后,需等待10min,确保高压残余电量耗尽。

1.5.2.4 高压事故急救

(1) 电击事故急救措施

援救电气事故中受伤人员时,绝对不可触碰仍然与电有接触的人员!如果可能,马上将电气系统断电(关闭点火开关或者马上拔出维修开关)。用不导电的物体(木条、竹竿等)把事故受害者或者导电体与放电体分离。

电击事故后实施急救时,如果事故受害者没有反应,应采取如下急救措施:首先确定受害者是否还有生命迹象,比如脉搏和呼吸;马上呼叫急救医生,或者马上让旁边人去呼叫;

图 1-45　取出手动维修开关

进行人工呼吸以及心肺按压直到医生到达。如果呼吸停止，使用非专业的去纤颤器（如果有的话）。

如果事故受害者能回应问询，应采取如下急救措施：对烧伤处进行降温处理，并用消过毒的无绒布进行包扎。即使事故受害者拒绝，也要要求其接受治疗（避免出现长期的后遗症）。

（2）动力电池事故急救措施

电动汽车或动力电池起火时，请根据实际情况，进行下列操作。

① 将车辆退电至 OFF 挡，并在条件允许情况下断开 12V 蓄电池；

② 断开手动维修开关；

③ 就近寻找灭火器（请勿使用水基型灭火器）；

④ 如果车辆起火，火势较小较慢，请使用干粉灭火器灭火，并立即拨打求救电话；

⑤ 如果火势较大，发展较快，请立即远离车辆，拨打火警电话等待救援。

如果动力电池发生泄漏（有明显液体流出），请按照以下方法对车辆进行操作。

① 请将车辆退电至 OFF 挡，并在条件允许的情况下断开前舱 12V 蓄电池；

② 断开手动维修开关；

③ 发生少量泄漏时，请远离火源，使用吸水布吸附后置于密闭容器中，或采用焚烧方式处理，操作前请佩戴防酸碱手套；

④ 发生大量泄漏时，请统一收集，按照危险化学品处理，可加入葡萄糖酸钙溶液来处理产生的气体 HF；

⑤ 当人体不慎接触泄漏液体时，应立即用大量水冲洗 10～15min，如果有疼痛感可用 2.5% 的葡萄糖酸钙软膏涂敷，或用 2%～2.5% 的葡萄糖酸钙溶液浸泡止痛，若无改善或出现不适症状，请立即就医。

模块2
车载充电器及相关系统

项目1 宝马汽车

2.1.1 充电功能介绍

电动车的充电过程相当于采用传统驱动方式车辆的加油过程。由于使用了充电电缆，因此也称为导电（接线）充电。在宝马 i3 上无法进行感应充电，而是在研发过程中使用该功能。

充电时既需要车内组件，也需要车外组件。在车辆上需要一个充电接口和一个供电电子装置用于转换电压。在车辆外部，除交流电压网络和一根充电电缆外，还需要一个执行保护和控制功能的设备。在相关标准和研发部门内将该设备称为电动车辆供电设备 EVSE。图 2-1 展示了电动汽车内部和外部的高压蓄电池充电组件，并将其与传统车辆加油所需组件进行比较。

2.1.2 充电接口模块

充电接口模块 LIM 可实现车辆与充电站之间的通信，通过总线端 30F 为 LIM 控制单元供电。在 LIM 内有一个用于 PT-CAN 的终端电阻，插入充电电缆时，LIM 可唤醒车辆车载网络内的控制单元。此外还有一根导线直接由 LIM 控制单元连接至电机电子装置。只有当 LIM 控制单元通过该导线上的信号授权充电过程时，电机电子装置才会开始转换电压从而执行充电过程。LIM 模块安装位置如图 2-2 所示。

LIM 的主要任务是：通过控制和接近导线与 EVSE 进行通信，协调充电过程，控制用

图 2-1　用于车辆加油和动力电池充电的组件

1—加油站网络，交流电压网络；2—加油机，电动车辆供电设备（例如充电箱）；3—加油枪与加油机之间的燃油管路，充电电缆；4—加油枪，连接充电电缆的车辆插头；
5—燃油加注接头，充电接口；6—供电电子装置；7—燃油箱，动力电池

图 2-2　LIM 安装位置

于显示充电状态的 LED，控制用于锁止充电接口盖的电机，控制用于锁止充电插头的电机。LIM 输入输出信号部件如图 2-3 所示。

控制导线和接近导线使用普通信号导线，这些信号导线带有屏蔽层，端部连接充电接口模块内的一个插头。通过接近导线 LIM 可识别出充电插头已插入车辆充电接口内并确定充电电缆最大电流负载能力。在充电电缆插头内，在接近接口与地线之间接有一个欧姆电阻。LIM 施加测量电压并确定接近导线上的电阻值，电阻值说明所用充电电缆允许的最大电流强度（根据导线横截面），在标准 IEC 61851 中规定了电阻和电流强度的分配情况。

控制导线用于确定和传输最大可用充电电流强度。控制信号是双极方波信号（−12V 至 +12V）。电压值和占空比用于在 EVSE 与车辆之间进行不同状态的通信：电动车已做好充电准备（是/否）；出现故障（是/否）；交流电压网络可提供的最大充电电流。

LIM 控制单元负责协调充电过程的开始和结束。

充电过程开始时，用户有两项工作要做：①设置充电开始；②连接充电电缆。

用户可通过车上的控制器和中央信息显示屏内的菜单设置充电开始。此外还可以通过 Apple iPhone^{TM} 的"BMW i Remote App"进行设置，如图 2-4 所示。用户可选择连接充电电缆后立即开始充电或规定开始充电的时间。

用户连接充电电缆后，LIM 控制单元就会唤醒车载网络内的控制单元（如果尚未因其他事件而被唤醒）。为此，LIM 控制单元使用与 BDC 控制单元直接相连的唤醒导线。随后 LIM 控制单元检查进行充电的前提条件并通过 PT-CAN 获取与安全有关的条件情况。检查内容包括：行驶准备功能关闭，车速为零，驻车锁已挂入，充电电缆已连接（接近），与电

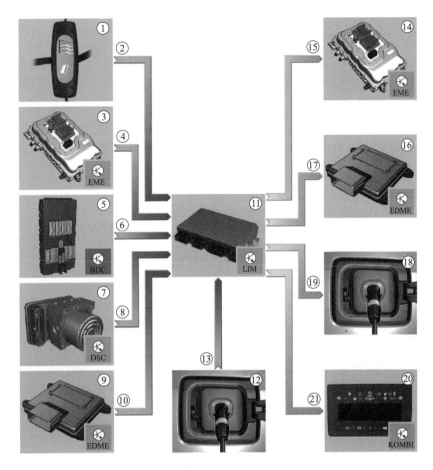

图 2-3 充电接口模块输入/输出

1—电动车辆供电设备；2—有关交流电压网络是否可用、充电电缆是否正确连接以及最大可用电流强度的信息；3—电机电子装置 EME；4—所要求的充电功率、充电电压和充电电流强度（规定值）；5—车身域控制器 BDC；6—总线端状态，行驶准备已关闭；7—动态稳定控制系统 DSC；8—车速信息；9—数字式发动机电气电子系统 EDME；10—驻车锁状态（已挂入/已松开），高压车载网络功率需求；11—充电接口模块 LIM；12—车辆上的充电接口；13—充电接口盖和充电插头的状态；14—电机电子装置 EME；15—所设置充电功率、充电电压和充电电流强度的实际值，充电授权；16—数字式发动机电气电子系统 EDME；17—有关充电电缆是否插入和充电过程是否启用的信息；18—充电接口；19—控制用于定向照明和显示充电状态以及充电接口盖状态的 LED，控制用于锁止充电插头的电动驱动装置；20—组合仪表；21—用于显示充电信息的信号

动车辆供电设备通信正常（控制），高压系统处于正确启用状态。

满足所有充电前提条件时，EME 内的高压电源管理系统就会要求 EME 内的供电电子装置提供充电功率并开始充电。此时，EME 控制单元不仅发送充电功率规定值，而且还发送最大充电电压和最大充电电流限值。这些数值取决于动力电池的当前状态（例如充电状态和温度）以及剩余车载网络功率需求（例如用于空调系统）。EME 控制单元不仅考虑规定值而且还考虑其他边界条件，从而通过智能方式实施这些规定值，其中包括电机电子装置自身状态（故障、温度）以及交流电压网络和充电电缆限制的电流强度。

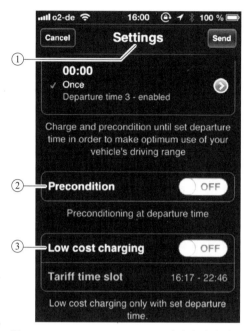

图 2-4　BMW i Remote App（动力电池充电）
1—充电设置，例如出发时间；2—出发时间调节开/关；3—接通/关闭低电费充电

只有在车辆（LIM）与电动车辆供电设备之间通过控制导线成功启动通信时，才会向相位 L1 施加电压。这样还能加强对客户和维修人员的电流危险防护。

2.1.3　充电 LED 状态灯

有一个 C 形光导纤维围绕在车辆充电接口周围，通过其可显示出充电状态。同时光导纤维还用作充电接口定向照明，通过两个由 LIM 控制的 LED 进行光导纤维照明。充电状态灯各种显示状态如表 2-1 所示。

表 2-1　充电灯显示状态

状态图示	显示状态说明
	定向照明装置： 充电接口定向照明装置用于插上和拔下充电电缆时为驾驶员提供方向引导。充电接口盖打开后，两个 LED 就会发出白光。只要总线系统处于启用状态，定向照明装置就会一直保持接通状态。识别出正确插入充电插头后，定向照明装置就会关闭并显示初始化状态
	初始化： 正确插入充电插头后就会立即开始初始化。初始化阶段最长持续 10s，其间 LED 以频率为 1Hz 的橙色闪烁。成功进行初始化后可开始为动力电池充电

续表

状态图示	显示状态说明
	充电过程启用： LED 以蓝色闪烁表示目前正处于动力电池充电过程,闪烁频率约为 0.7Hz。 充电暂停： 初始化阶段已顺利完成且将来才会开始充电(例如自低费用时刻起充电)时,充电暂停或充电就绪
	充电结束： LED 以绿色持续亮起时表示动力电池充电状态"已完全充电"
	充电期间故障： 如果在充电过程中出现故障,LED 会以红色闪烁表示相关状态。在此 LED 以约 0.5Hz 的频率闪烁三次,每三组暂停约 0.8s

插入充电插头或车辆开锁/上锁后就会启用执行上述显示功能的 LED 12s。如果在此期间重新进行车辆开锁/上锁,显示持续时间就会再延长 12s。

2.1.4 充电接口盖

充电接口盖通过一个弹簧操纵的锁钩保持关闭状态,该锁钩是充电接口盖中控锁传动装置的组成部分。充电接口盖通过一个电机开锁/上锁,该电机通过 LIM 进行控制,根据车身域控制器要求开锁和上锁。充电接口盖构造如图 2-5 所示。

此外在中控锁传动装置内装有一个微型开关,微型开关的状态（操作/未操作）说明充电接口盖（已打开/已关闭）的状态。处于静止位置时,即充电接口盖关闭时,不操作微型开关；充电接口盖打开时,操作微型开关。此外,将充电接口盖压过限位位置时也会操作微型开关。

与锁止充电接口盖时类似,充电插头通过一个电控锁钩来锁止。电气锁止充电插头可防止充电期间拔出充电插头从而产生电弧。

启用车辆锁止功能时就会电气锁止充电

图 2-5 充电接口盖锁止
1—用于锁止充电接口盖的电机；2—锁止钩；
3—用于充电接口盖应急开锁的拉线

插头。只要有充电电流流动，电气锁止功能就会一起启用。通过一个微型开关识别锁止状态，微型开关打开时表示充电插头处于锁止状态；微型开关关闭时表示充电插头处于中间位置或开锁状态。车辆开锁时也会以电气方式使充电插头开锁。在此之前会通过 LIM 结束正在进行的充电过程。充电插头锁止功能部件如图 2-6 所示。

电气部件损坏时（例如上锁电机失灵），可通过手动方式使充电接口盖或充电插头开锁。为此，必须打开充电接口盖一侧的后车门，打开后车门时可看到下部区域有两个蓝色按钮，需要打开充电接口盖时必须拉动上方蓝色按钮，拉动下方蓝色按钮会使充电插头开锁。应急开锁按钮位置如图 2-7 所示。

图 2-6　充电插头锁止
1—用于锁止充电插头的电驱动装置；2—用于充电插头盖应急开锁的拉线；3—锁钩

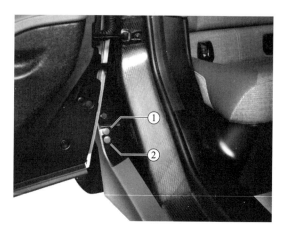

图 2-7　应急开锁按钮
1—用于充电接口盖应急开锁的按钮；
2—用于充电插头盖应急开锁的按钮

2.1.5　供电电子装置

供电电子装置安装在电机电子装置内，用于将充电接口提供的交流电转换为动力电池充电所需的直流电。交流电通过单相方式传输至电机电子装置，电机电子装置可处理的输入电压范围为 100～240V，50Hz 或 60Hz。

供电电子装置是一个单向 AC/DC 转换器，即整流器。

电机电子装置在与输入端电隔离的输出端上提供电子调节式直流电压，或流过电子调节式直流电流。由 EME 控制单元内的高压电源管理系统提出输出电压和输出电流要求，计算数值由 EME 进行调节，确保可为动力电池进行最佳充电并为车辆的其他用电器提供充足电能。

EME 的设计确保其在输出端侧可提供最大电功率 3.7kW。在 i3 车型上这已足够在最佳边界条件下约 6h 内使动力电池完全充满电。

2.1.6　充电电缆

宝马 i3 所用充电电缆针对车辆充电接口始终采用单相设计（相位 L1 和零线 N），始终带有地线 PE 和控制导线。通过地线使车辆接地。通过控制导线可识别与交流电压网络的正确连接并传输其最大可用充电电流强度。在每个充电电缆插头内,接近接口与地线之间接有一个欧姆电阻,电阻值说明所用充电电缆允许的最大电流强度(根据导线横截面)。在标准 IEC 61851 中规定了电阻和电流强度的分配情况。通过接近导线上的电阻,车上的 LIM 通过施加电压测出电阻值可识别是否按规定连接了充电电缆以及该充电电缆允许的电流强度。为此便捷充电电子装置施加测量电压并确定接近导线上的电阻值。

电动汽车与带有电动车辆供电设备的固定安装式充电站建立交流电压网络,适用的充电电缆仅在充电站与车辆充电接口之间形成电气连接。充电电缆实物如图 2-8 所示。

图 2-8 用于连接固定安装式充电站/充电箱与电动车辆的充电电缆(按照 IEC 61851 采用充电模式三)
1—用于连接充电站/充电箱的插头;2—导线;3—用于连接车辆的插头

在美国不允许充电电缆与充电箱/充电站之间采用可分离连接。用于 7.4kW 交流电充电和 3.7kW 交流电充电的充电电缆基本上使用相同插头来连接车辆,插头区别仅在于根据充电电缆的电流承载能力,接近导线内的电阻大小不同。图 2-9 展示了插头的结构和接口。

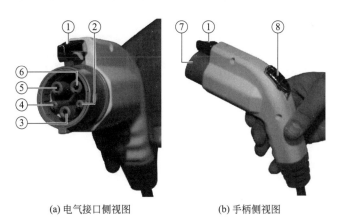

(a) 电气接口侧视图　　(b) 手柄侧视图

图 2-9 连接车辆接口的充电电缆插头(依据 IEC 62196-2 标准化;型号 1)
1—机械锁止件;2—控制导线接口;3—地线 PE 接口;4—接近导线接口;5—相位 L1 接口;
6—零线 N 接口;7—机械导向件/插头壳体;8—用于在拔出前进行插头机械开锁的按钮

充电电缆的插头和车上的充电接口均带有防止直接接触的保护装置。此外设计触点的几何形状时确保按照以下顺序连接插头和充电接口:①接近导线;②地线 PE;③零线 N,相位 L1;④控制导线。

使用这种固定安装式充电站 EVSE 可传输最高 7.4kW 功率。便捷充电电子装置内的

AC/DC 转换器（3.7kW）和电机电子装置内的 AC/DC 转换器（3.7kW）将单相交流电压转换为动力电池充电所需的直流电压。这样可使完全充满电量过低的 i3 动力电池的所需时间降至 3~4h。

2.1.7 便捷充电电子装置

便捷充电电子装置安装在 i3 后部一个与行李箱隔开的区域内，如图 2-10 所示。

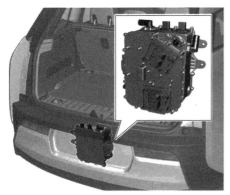

图 2-10 便捷充电电子装置安装位置

进行 7.4kW 交流电充电时，便捷充电电子装置 KLE 的主要任务是将交流电压转换为直流电压，KLE 内由两个模块构成的整流器电路执行该任务。便捷充电电子装置模块由一个独立控制单元进行控制，该控制单元与整个单元名称相同，即便捷充电电子装置 KLE。

便捷充电电子装置的设计确保其在输出端可提供最大电功率 3.7kW。在 i3 上与标配 EME 供电电子装置一起可确保在最佳边界条件下 3~4h 内使动力电池完全充满电，较短的充电时间可为客户带来较高的使用舒适性。因此将该充电电子装置称为"便捷充电电子装置"。

交流电压通过单相方式传输给车辆或便捷充电电子装置。便捷充电电子装置可处理的输入电压范围为 100~240V，50Hz 或 60Hz。便捷充电电子装置在与输入端电隔离的输出端上提供电子调节式直流电压，或流过电子调节式直流电流。由 EME 控制单元内的高压电源管理系统提出输出电压和输出电流要求。计算数值由 KLE 进行调节，确保其可对动力电池进行最佳充电并为车辆上的其他用电器提供充足电能。

虽然便捷充电电子装置以明显高于 90% 的较高效率工作，但在完全功率输出时需要进行主动冷却。因此将其集成在电驱动装置的冷却液循环回路内。

除转换电压和提供能量外，便捷充电电子装置还执行安全功能，从而防止客户和维修人员受到电流危害。

便捷充电电子装置上的接口可分为四个类别：低电压接口，高压接口，电位补偿导线接口，冷却液管路接口。图 2-11 概括展示了便捷充电电子装置的所有接口。

便捷充电电子装置上的多芯低电压插头包括以下导线和信号线：KLE 控制单元供

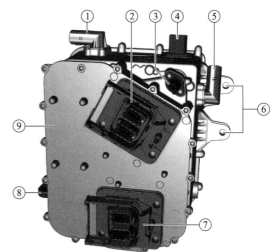

图 2-11 7.4kW 交流电充电
型号的便捷充电电子装置接口
1—自充电接口的高压导线（交流电）；2—至 EME 的
高压导线（直流电）；3—冷却液管路（供给）；
4—低电压导线；5—从 KLE 至 EME 的高压导线
（交流电）；6—KLE 固定装置（电位补偿触点）；
7—自 REME 的高压导线（直流电）；8—冷却液管路
（回流）；9—便捷充电电子装置 KLE

电导线（连接前部配电盒和接地的总线端 30B、总线端 30）；自总线端 30C 供电导线（发生事故时快速关闭）；总线系统 PT-CAN2；至 BDC 控制单元和 EDME 控制单元的唤醒导线；自 LIM 的控制导线，通过其授权充电过程；高压触点监控电路输入端和输出端信号线（KLE 控制单元分析信号）。

KLE 控制单元由总线端 30 和总线端 30B 供电，拥有两个唤醒导线输出端。通过这种方式，插入充电电缆后，便捷充电电子装置便可唤醒车辆车载网络内的控制单元。

KLE 控制单元通过总线系统 PT-CAN2 接收有关充电的要求和控制信号。此外还有一根导线直接由 LIM 连接至便捷充电电子装置，只有当 LIM 通过该导线上的信号授权充电过程时，便捷充电电子装置才会开始转换电压从而执行充电过程。

在便捷充电电子装置上带有三个高压接口，用于高压导线与充电接口（1 个）以及与电机电子装置（2 个）的连接。在带有增程器的 i3 车辆上，便捷充电电子装置还有一个高压接口，用于连接增程电机电子装置 REME。

与所有高压组件一样，便捷充电电子装置壳体也必须与车辆接地电气连接，只有这样才能正常运行绝缘电阻自动监控功能。便捷充电电子装置的新特点是，充电接口上的交流电压网络地线也与接地连接。

地线与便捷充电电子装置壳体必须处于相同电势，以便能够识别出 AC/DC 转换器交流电压侧可能出现的绝缘故障。为此使用四个螺栓将 KLE 壳体与 Drive 模块连接在一起。

2.1.8 组合充电系统

组合充电系统或简称 Combo 充电是依据 IEC 62196 用于电动汽车和插电式混合动力汽车的充电插接系统，既支持交流充电也支持直流充电。它由 Phoenix Contact 与汽车制造商一起研发，主要包括一个车辆充电接口即 Inlet 和一个充电插头（集成有两个分别用于交流充电和直流充电的充电插孔）。这种通用插接系统只需要具备一个车辆充电接口便可实现不同的交流和直流充电方式。在此分为用于美国市场的型号 1 接口和用于欧洲市场的型号 2 接口，这两种型号的直流电接口触点相同。由于与交流充电相比直流充电触点尺寸较大，可实现最大 200A 电流，因此可在例如途中进行快速充电。

在 i3 上，根据交流电充电功率提供两种 Combo 充电型号：3.7kW 交流充电功率 Combo 充电（电路见图 2-12）和 7.4kW 交流充电功率 Combo 充电（电路见图 2-13）。

用于欧美地区的组合充电接口如图 2-14、图 2-15 所示。

用于 Combo 充电的车辆充电接口（型号 1 和型号 2）包括上述用于交流充电的插孔（型号 1 和型号 2）以及用于直流充电的插孔。这种充电接口的优点是，客户既可使用交流充电站也可使用直流充电站对动力电池充电。

进行直流充电时，充电期间断开充电插头会产生电弧。为了避免这种情况，充电期间以电动机械方式锁止充电插头，这样可以避免使用者遇到危险情况。充电插头上的人体工学造型手柄以及较小插入力和拉力确保用手便可实现舒适插头操作。以欧规为例，组合充电插头样式如图 2-16 所示。

车辆不能同时进行交流充电和直流充电。进行 Combo 充电时，LIM 也负责确保车辆与充电站之间进行通信。车辆与充电站之间通过控制导线和接近导线进行通信，两种导线有针对性地控制充电过程。通过接近导线可识别出充电电缆正确连接到车辆上，LIM 通过充电

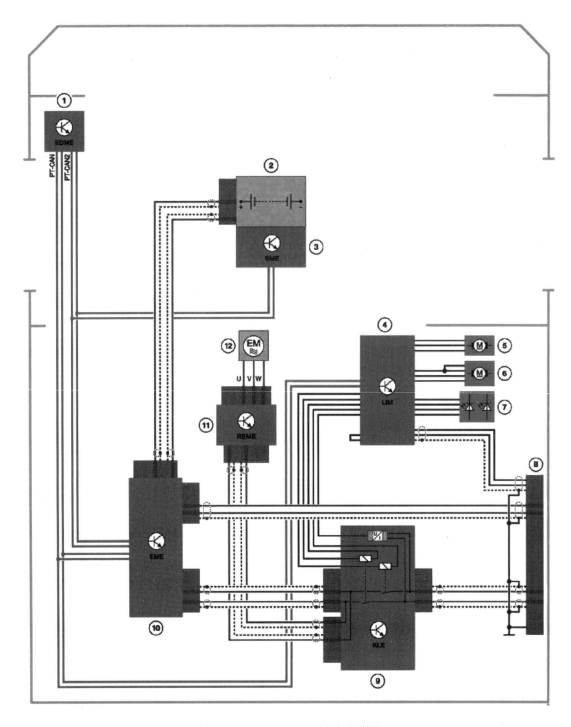

图 2-12 3.7kW Combo 充电电路图

1—数字式发动机电气电子系统 EDME；2—动力电池单元；3—蓄能器管理电子装置 SME；4—充电接口模块 LIM；5—用于锁止插头的电驱动装置；6—用于充电接口盖中控锁的电驱动装置；7—定向和状态照明；8—车辆上的充电接口；9—便捷充电电子装置 KLE；10—电机电子装置 EME；11—增程电机电子装置 REME；12—增程电机

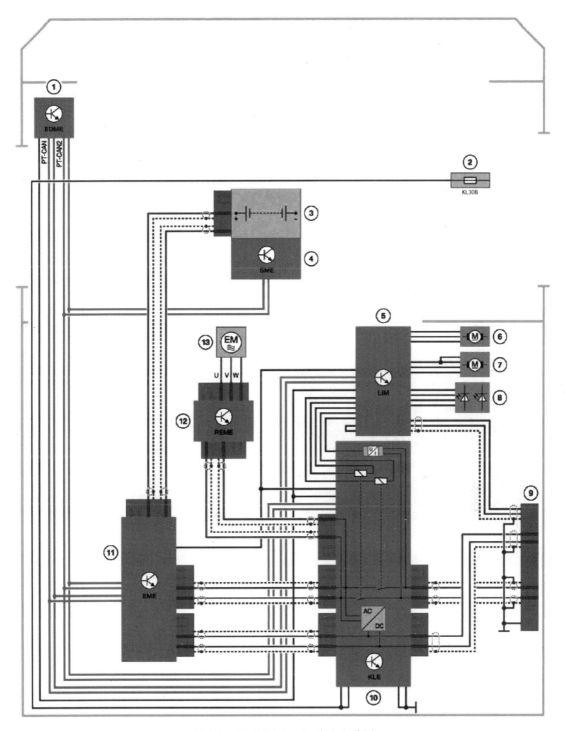

图 2-13 7.4kW Combo 充电电路图

1—数字式发动机电气电子系统 EDME；2—KLE 供电（总线端 30B）；3—动力电池单元；4—蓄能器管理电子装置 SME；5—充电接口模块 LIM；6—用于锁止插头的电驱动装置；7—用于充电接口盖中控锁的电驱动装置；8—定向和状态照明；9—车辆上的充电接口；10—便捷充电电子装置 KLE；11—电机电子装置 EME；12—增程电机电子装置 REME；13—增程电机

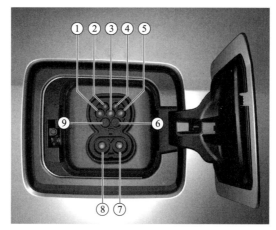

图 2-14 用于 Combo 充电的车辆充电接口，型号 2（欧洲）
1—相位 L1 接口；2—接近导线接口；3—地线 PE 接口；4—控制导线接口；5—零线 N 接口；
6—未使用的接口；7—直流电负极导线接口；8—直流电正极导线接口；9—未使用的接口

电缆内的电阻测量充电电缆最大电流负载能力。

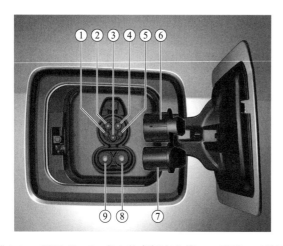

图 2-15 用于 Combo 充电的车辆充电接口，型号 1（美国）
1—接近导线接口；2—相位 L1 接口；3—地线 PE 接口；
4—零线 N 接口；5—控制导线接口；6—交流充电插
孔保护帽；7—直流充电插孔保护帽；8—直流电
负极导线接口；9—直流电正极导线接口

图 2-16 Combo 充电插头（欧规），型号 2
1—控制导线接口；2—接近导线接口；
3—地线 PE 接口；4—直流电正极导
线接口；5—直流电负极导线接口

EME 内的高压电源管理系统通过 PT-CAN 向 LIM 发送动力电池充电要求。之后 LIM 将正确插入的充电电缆锁止并通过控制导线启动与充电站之间的通信，在此期间交换有关充电需求、充电量和准确性的信息。只有顺利开始通信后，LIM 才会在相位 L1 或直流电正极和负极导线上施加充电电压，这样还能加强对客户和维修人员的电流危险防护。之后 LIM 通过独立导线向 EME 和 KLE 发送交流充电"授权充电"信号。

进行直流充电时，LIM 使 KLE 内的两个接触器闭合，由此将直流充电站的直流电压接通至高压蓄电池。每次直流充电过程结束后 LIM 都会测试直流电接触器，从而识别出保护带（接触器无法断开触点）。LIM 识别出保护带（单或双）并以故障码形式通知 EME。如果在充电过程中 LIM 未识别出有效控制信号，LIM 必须在 200ms 内断开直流电接触器。

KLE 测量充电接口上的直流电压后，以模拟信号形式将测量值传输至 LIM。LIM 通过 PT-CAN 将换算值发送至其他控制单元。

如果动力电池和 12V 蓄电池均已放电，就会在连接充电电缆时自动启动 12V 蓄电池应急充电。由于两个蓄电池均已放电，故也不对 12V 车载网络进行供电，在此情况下 LIM 暂时失效。为使 LIM 能够与充电站进行通信，从而同时启动充电过程，需要特别为 LIM 进行供电，在此情况下可通过控制导线为 LIM 供电。控制导线输出的能量很小，不会对 EVSE 电压分析结果产生影响。

为了识别应急充电状态会对总线端 30F 电压值进行分析。分析电路位于 LIM 内，当总线端 30F 电压值降至 6V 以下且控制导线正确连接时，分析电路会使控制导线上的电压值升至 6V。该电压值相当于发送给充电站信息"车辆已做好充电准备"，由此要求充电站施加网络电压。

进行 3.7kW 交流充电功率 Combo 充电时，KLE 的任务是接通所有高压接口和放置两个直流电接触器。在此情况下 KLE 未安装将交流电压转换为直流电压的整流器电路。KLE 部件接口分布如图 2-17 所示。

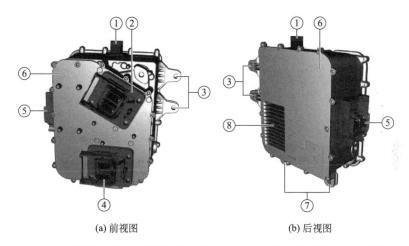

(a) 前视图　　　　　　　　(b) 后视图

图 2-17　用于 3.7kW 交流电充电功率 Combo 充电的便捷充电电子装置
1—低电压导线（信号插头）自充电接口的高压导线（交流电）；2—至电机电子装置的高压导线（直流电）；
3—KLE 固定装置（电位补偿触点）；4—自 REME 的高压导线（直流电）；5—从充电接口至 KLE 的
高压导线（直流电）；6—便捷充电电子装置 KLE；7—KLE 固定装置（电位补偿触点）；8—通风口

在充电站内将交流电压转换为直流电压，这样可以使用交流电网的全部功率（所有三个相位）。满足所有动力电池充电前提条件时，LIM 就会接通 KLE 内的两个接触器，之后充电站在输出端提供用于动力电池充电的直流电压。直流电压通过充电接口和高压导线输送至 KLE，通过高压导线输送至 EME，随后输送至动力电池。由于在 KLE 内未安装将交流电压转换为直流电压的整流器电路，KLE 内产生的余热较少。因此无需通过冷却液循环回路进行 KLE 冷却。

采用 7.4kW 交流充电功率 Combo 充电型号时，便捷充电电子装置既可将交流电充电站的单相交流电压转换为直流电压，也可通过直流电接触器将直流电充电站的直流电压接通至 EME 和动力电池，接口如图 2-18 所示。最大功率为 3.7kW 的 AC/DC 转换器可将交流电压转换为动力电池充电所需直流电压，配合 EME 内输出功率同样为 3.7kW 的标配 AC/DC 转换器，即可利用 7.4kW 单相交流电为动力电池充电。

在该型号便捷充电电子装置内还装有两个接触器，用于通过 EME 将直流电充电站的直流电压接通至动力电池。

图 2-18 用于 7.4kW 交流充电功率
Combo 充电的便捷充电电子装置

1—自充电接口的高压导线（交流电）；2—至电机电子装置的高压导线（直流电）；3—低电压导线（用于接通接触器）；4—冷却液管路（供给）；5—低电压导线（信号插头）；6—从 KLE 至 EME 的高压导线（交流电）；7—KLE 固定装置（电位补偿触点）；8—自 REME 的高压导线（直流电）；9—冷却液管路（回流）；10—从充电接口至 KLE 的高压导线（直流电）；11—便捷充电电子装置 KLE

2.1.9 移动充电装置

AC/DC 转换器完全输出功率时，需要进行主动式冷却。因此将该便捷充电电子装置集成在电驱动装置的冷却液循环回路内。

CHAdeMO 充电是另一种直流充电，在日本作为标准充电方式使用，充电电路如图 2-19 所示。CHAdeMO 是 CHArge de MOve 的缩写，即 Charge for moving（移动充电）。目前欧洲和美国的充电站也可进行符合 CHAdeMO 要求的快速充电。采用这种方式时，充电电压在 300～600V 范围内变化，电流强度最高可达 200A，因此充电功率约为 60kW。为使 CHAdeMO 充电站与 LIM 之间进行通信，在此使用一个 CAN 总线。由于用于 CHAdeMO 充电的充电插头形状特殊，因此在 i3 上也需要采用相应的充电接口。

日本市场的车辆标配两个充电接口。用于交流充电的充电接口位于发动机舱盖下方盒内，连接充电插头时必须关闭发动机舱盖，从而启动交流充电过程。充电时不锁止充电插头，而是利用发动机舱盖锁止装置进行锁止。发动机舱盖锁钩通过一个电驱动装置上锁和开锁，通过一个微型开关识别锁钩状态。充电状态通过一个 LED 显示。用于直流充电的充电接口位于车辆右侧后方，充电接口如图 2-20 所示。

该充电接口位于后部充电接口盖内。通过一个电驱动装置使充电接口盖上锁和开锁。通过 LIM 对该电驱动装置进行控制。有一根光导纤维围绕在充电接口周围，同时它还用作定向照明装置。通过 LED 进行光导纤维照明。

CHAdeMO 型号内的 LIM 带有一些附加功能，其中包括：分析用于显示发动机舱盖锁钩状态的开关；控制用于锁止发动机舱盖内锁钩的电驱动装置；控制用于显示交流充电时充电状态的 LED；控制用于定向照明的 LED；控制用于锁止充电接口盖的电驱动装置；EME（高压电源管理系统）与直流充电站通过局域网 CAN 进行通信的网关功能；控制 KLE 内的直流电接触器；读取接近导线和充电授权导线状态。

充电站与 LIM 或 EME 之间不像上述型号那样通过控制导线，而是通过局域网 CAN 进行通信。该 CAN 总线传输速度为 500kbit/s。LIM 执行网关功能，将直流充电站信息传输

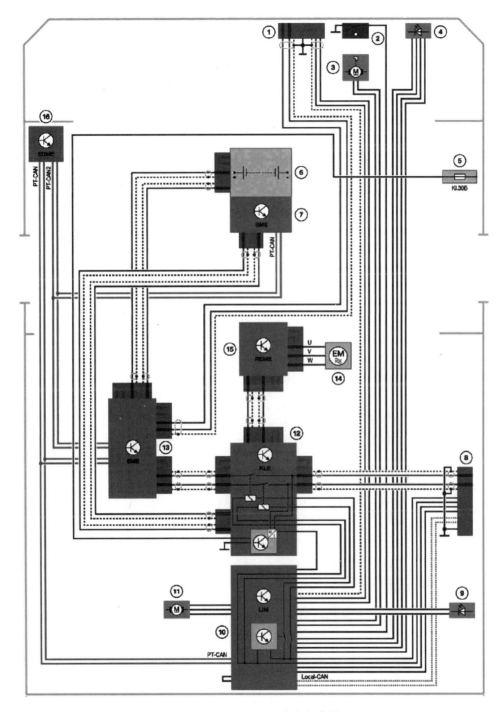

图 2-19 CHAdeMO 充电电路图

1—车辆上的交流充电接口；2—发动机舱盖锁钩开关；3—用于锁止发动机舱盖的电驱动装置；4—定向和状态照明；
5—KLE 供电（总线端 30B）；6—动力电池单元；7—蓄能器管理电子装置 SME；8—车辆上的直流充电接口；
9—定向照明装置；10—充电接口模块 LIM；11—用于锁止充电接口盖的电驱动装置；
12—便捷充电电子装置 KLE；13—电机电子装置 EME；14—增程电机；
15—增程电机电子装置 REME；16—数字式发动机电气电子系统 EDME

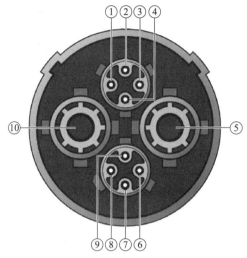

图 2-20　CHAdeMO 充电接口

1—用于绝缘监控的参考电位；2—KLE 内的直流电接触器 1 供电；3—未使用；4—授权充电；5—直流电正极导线；6—接近；7—CAN（高电平）；8—CAN（低电平）；9—KLE 内的直流电接触器 2 供电；10—直流电负极导线

至 EME 或反之。

直流充电站通过局域网 CAN 将以下信息发送至 LIM：可用输出电压，可用输出电流，当前输出电压，当前输出电流，CHAdeMO 控制协议编号，直流充电站状态，直流充电站故障，动力电池不兼容，动力电池故障，结束充电，剩余充电时间。

LIM 向直流充电站发送以下信息：动力电池最大电压，动力电池最大电容量，最大充电持续时间，CHAdeMO 控制协议编号，动力电池电压过高，动力电池电压过低，动力电池温度，其他故障信息。

直流充电站为 KLE 内的两个直流电接触器供电。就是说，充电插头未连接到充电接口上时接触器无法闭合，或拔出充电插头时接触器立即断开。EME 提出要求时，LIM 就会闭合或断开两个接触器。前提条件是正确插入充电插头（接近导线）且车辆和充电站无故障。接触器开关状态以总线信息形式发送至 EME 和充电站。接触器不同时切换，而是间隔一定时间（毫秒），在每个闭合过程中切换最先和最后闭合的接触器。充电过程结束后，LIM 对接触器触点进行诊断，目的是识别出可能存在的保护带。识别出故障时，LIM 就会发送一个相应的总线信息。便捷充电电子装置 KLE 相当于 3.7kW 交流充电功率 Combo 充电型号所用 KLE。

项目 2　奔驰汽车

2.2.1　高压系统组成

以奔驰 S500 PHEV 车型为例，车上安装的所有高压车载电气系统电线束均为橙色。线束分布如图 2-21 所示。

2.2.2　车载充电器

S500 PHEV 充电装置位于行李箱内，载物舱盖下方，它将外部电源（例如充电站）的交流电转换为直流电，以对动力电池进行充电。高压直流电可直接对动力电池进行充电。

一旦用充电电缆连接了外部电源后，充电装置便会通过一根直接控制导线（控制先导信号）与充电电缆或充电站中的控制盒进行通信。同时还传递充电基础设施的功率数据，并对充电装置的耗电作相应调整。只有这样，充电装置才能开始以 3.6kW 的最大充电功率（输入侧）和 16A 的最大充电电流（输入侧）充电。车载充电器接口分布如图 2-22 所示。

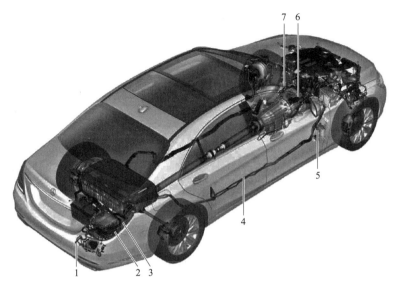

图 2-21　高压车载电气系统线束

1—充电装置供电插座和充电装置之间的线束（可个别更换）；2—直流转换器和动力电池之间的线束；3—充电装置和动力电池之间的线束；4—动力电池和功率电子装置控制单元上的高压配电箱之间的线束（可个别更换）；5—功率电子装置控制单元上的高压配电箱和高压正温度系数加热器之间的线束（可个别更换）；6—功率电子装置控制单元上的高压配电箱和电动机之间的线束（只能和线束 7 一同更换）；7—功率电子装置控制单元上的高压配电箱和电动制冷剂压缩机之间的线束（只能和线束 6 一同更换）

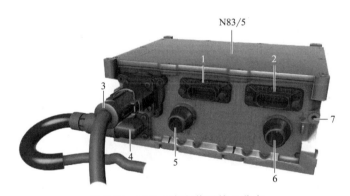

图 2-22　N83-5 充电装置接口分布

1—12V 插接口（充电装置供电插座）；2—控制单元插接口；3—高压接口（充电装置供电插座）；4—高压接口（至动力电池）；5—冷却液进流管；6—冷却液回流管；7—安全引线

2.2.3　充电电缆类型

通过家用插座进行充电（模式二）的充电电缆如图 2-23 所示。该单相充电电缆有两种长度可提供，符合国家特有的标准，放置在行李箱中的一个袋子内。

充电电缆包含缆上控制及保护装置（IC-CPD）。为了满足 IEC 61851 所规定的安全要求，在此集成了一个故障电流保护开关，并为功率设置集成了一个通信装置（PWM 模块）。固定集成在充电电缆内的 IC-CPD 用于接通车辆插接口和基础设施侧之间的大功率触点，并将充电电流上限通报给车辆。如发生故障或断电，充电过程便会立即中断，以保护用户和电动车辆。只有当车辆发出电压请求时，充电电缆才会接通车辆插接口和安全插头之间的大功率触点。这样，未插入的插头上便没有电压。

用于公共充电站的充电电缆（模式三）如图 2-24 所示。

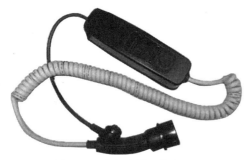

图 2-23　充电电缆（模式二）

图 2-24　充电电缆（模式三）

该单相充电电缆符合国家特有的标准，可作为选装装备订购，有两种长度可选。充电电缆模式三可在车辆和符合 IEC 61851 标准的充电基础设施即电动车辆供电设备（EVSE）之间建立连接。在 EVSE 中，集成了故障及过电流保护、切断装置以及一个专有的充电接口。充电电缆包含电缆最大载流量的电阻设码，以及位于车辆和基础设施侧的标准化插头触点。充电站在接到车辆的电压请求后，才会接通大功率触点。因此，未插上的车辆或充电站插接口上是没有电压的。

2.2.4　充电接口

S500PHEV 充电接口位于后保险杠饰板右侧的一个翻盖内，如图 2-25 所示。

如果充电电缆在充电过程结束后无法从充电接口上拔下（存在故障），可以用应急解锁拉线对电动解锁装置的伺服电机进行解锁。

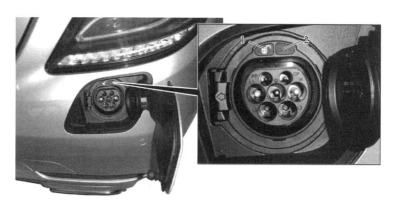

图 2-25　充电接口位置

1—左侧 LED 指示灯（LED 联锁指示灯）；2—右侧 LED 指示灯（LED 充电指示灯）

参与充电过程的所有组件（例如充电装置、充电接口、充电电缆）均为标准化产品，符合国际标准（例如 IEC 62196-2），这样便能够在不同电网和充电基础设施上方便地进行充电。

为防止在充电过程中，或在插上充电电缆的情况下发生溜车，在识别出已插上充电电缆插头（接近＝ON/SNA）的情况下，防溜车功能会被激活，同时仪表盘会输出相应的警告信息。

这时，防溜车功能根据车速，以两种方式实施。

在行驶过程中（$v>5$km/h）识别出充电电缆插头被插上。如果在行驶过程中（$v>5$km/h）插上充电电缆插头（接近＝ON），或因充电装置损坏而识别出替代值（接近＝SNA），则在挂入挡位"P"后才会激活防溜车功能。

在静止状态下（$v<5$km/h）识别出充电电缆插头被插上。如果在挡位"P"下或在$v<5$km/h 时识别出充电电缆插头被插上（接近＝ON），立即激活防溜车功能。如果充电装置损坏，则会形成替代值（接近＝SNA），需在挂入挡位"P"后，才能激活防溜车功能。充电电缆插接口上有用于载流量设码的电阻，如图 2-26 所示。

接近触点（PP，插头存在）有以下功能：
- 识别出车辆或充电桩插接口是否已插上；
- 通过电阻进行充电电缆最大载流量设码。

如果充电电缆在充电过程结束后无法从充电接口上拔下（有故障），可以用应急解锁拉线对电动解锁装置的伺服电机进行解锁。应急解锁拉线位于行李箱右侧边缘，为了能成功够到应急解锁拉线，必须事先取下焊接螺栓盖板，应急解锁拉线就挂在该螺栓上。拉动机械式应急解锁装置的应急解锁拉线，可转动机械式应急解锁装置的转盘，从而将充电电缆插头解锁。解锁连接方式如图 2-27 所示。

图 2-26　充电电缆插接口

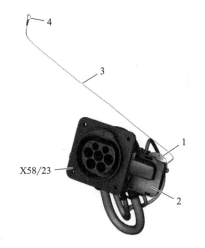

图 2-27　充电电缆解锁装置连接线路
1—机械式应急解锁装置的转盘；2—电动解锁装置的伺服电机；
3—机械式应急解锁装置的应急解锁拉线；4—机械式应急解锁装置的固定环（盖板下方，挂在右侧尾灯和行李箱密封件之间的销子上）；X58/23—充电装置供电插座

2.2.5　充电方式与过程

驾驶员可通过仪表盘自行确定出发时间和最大充电电流，为此，有以下两种充电方式：

立即充电；根据出发时间进行充电。

立即充电：动力电池立即通过电网中可提供的电能进行充电。

根据出发时间进行充电：动力电池同样通过电网中可提供的电能进行充电，出发时间设定对于驻车空调的使用至关重要，该时间同时也是经过优化的充电过程的结束时间。

整个充电过程受到监控。同时，充电装置和电源（例如充电站）通过充电电缆中的数据导线进行通信（控制先导信号CP）。

在通过家用插座进行充电时，必要时会对充电电流进行限制，以免造成本地电网过载。因此，可通过充电电缆中的控制盒，或者通过车内的仪表盘设定允许的最大充电电流。仪表盘上保留最近一次所选的数值，直到再次对其进行改动为止。不同充电方式的充电时间如图2-28所示。

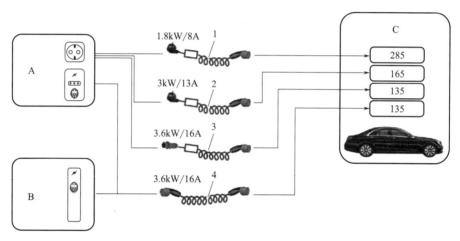

图2-28　充电时间

1—充电电缆模式二，1.8kW；2—充电电缆模式二，3kW；3—充电电缆模式二，3.6kW（结合CEE插头）；
4—充电电缆模式三，3.6kW；A—私人充电方式；B—公共充电方式；C—充电时间（单位：分钟）

2.2.6　直流充电

直流充电连接装置监测并控制动力电池的充电过程，其与车辆的网络架构相连。动力电池必须通过外部电源（例如充电站）进行充电。

车辆插座与电源连接后，直流充电连接装置通过控制线路（先导控制装置）与充电电缆或充电站中的控制箱进行通信，此时，传送电压源的输出数据并相应调节直流电流充电通信装置的电源消耗。

直流充电连接装置处理以下信息：电路状态，动力电池电流，动力电池电压，电流/电压请求，锁止/解锁插座盖板请求，锁止/解锁充电电缆插座请求，蓄电池断开开关状态，发动机运转状态（混合动力车辆）。

直流充电连接装置处理输入因素后并传送以下信息：充电电压，充电电流，直流充电连接装置状态，充电电缆状态（插入、未插入），先导控制装置状态，插座盖板状态，充电电缆插座锁止状态，故障信息。

以EQC车型为例，直流充电连接装置位于载物舱底板的右下方，如图2-29所示。

直流充电连接装置接口分布如图 2-30 所示。

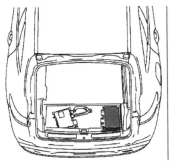 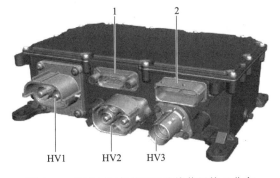

图 2-29　N116/5 直流充电装置安装位置

图 2-30　N116/5 直流充电连接装置接口分布
1—与车载电子设备连接；2—与充电器馈入插座和锁止电机连接（插座盖板和充电电缆连接器）；HV1—与充电器馈入插座高压连接；HV2—与动力电池高压连接；HV3—与动力电池高压连接的交流充电器

2.2.7　交流充电

交流充电器将外部电源（例如充电站）的交流电压转换为直流电压，用于给动力电池充电的直流电压通过直流充电连接装置传输至动力电池。

交流充电器与车辆的网络架构相连。

交流充电器处理以下信息：电路状态，动力电池电流，动力电池电压，电流/电压请求，蓄电池断开开关状态，发动机运转状态（混合动力车辆）。

交流充电器处理输入因素后并传送以下信息：充电电压，充电电流，交流充电器状态，故障信息。

以奔驰 EQC 车型为例，动力电池的交流充电器位于载物舱底板的左下方，如图 2-31 所示。

动力电池交流充电器接口分布如图 2-32 所示。

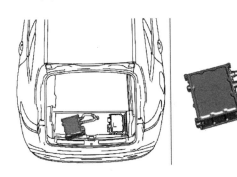 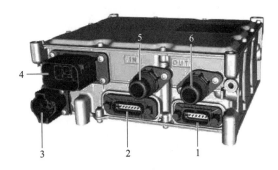

图 2-31　N83/11 交流充电器安装位置

图 2-32　N83/11 交流充电器接口分布
1—车载电子设备连接；2—交流充电器馈入插座连接（日本版/中国版）；3—直流充电连接装置高压连接；4—交流充电器馈入插座高压连接；5—冷却液供给管；6—冷却液回流管

项目 3　奥迪汽车

2.3.1　充电网配电器

以奥迪 e-tron 车型为例，在配备有第二个 AC 充电接口或者第二个动力电池充电器的车上，充电接口和充电器是通过高压充电网配电器 SX4 连接的，如图 2-33 所示。

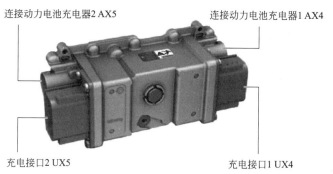

图 2-33　充电网配电器接口分布

2.3.2　车载充电器

动力电池充电器 1 AX4 与动力电池充电器 2 AX5 安装在车辆前部，在前部电驱动装置电机的前上方。充电器 2 是选装的，充电功率为 22kW。三个整流器将操纵单元或充电桩上的交流电压转成直流电压用于给动力电池 1 AX2 充电。每个整流器的最大工作能力为 16A，充电电流分配取决于实际的充电电流，传输是通过线圈感应（电流隔离）实现的。因此，交流网与车上高压系统之间，是没有导线连接的。充电器连接在动力电池开关盒 SX6 上，充电电流是通过开关盒内的一个保险丝输送到高压蓄电池的，并采用冷却液循环来冷却。

充电器与以下部件连接：动力电池充电接口 1 UX4，动力电池充电接口 2 UX5，充电接口的 LED 模块 1 L263，充电接口的 LED 模块 2 L264，高压充电插头锁执行器 1 F498，高压充电插头锁执行器 2 F499，充电接口护盖的驱动单元 1 VX86，充电接口护盖的驱动单元 2 VX87，充电接口温度传感器 1 G853，充电接口温度传感器 2 G854。车载充电器接口分布如图 2-34 所示。

充电器通过一根等电位线与车身相连，中间电路电容器会被动放电。

集成的动力电池充电器控制单元 J1050 和动力电池充电器控制单元 2 J1239 连接在混合动力 CAN 总线上。动力电池充电器控制单元 J1050 是主控制器，动力电池充电器控制单元 2 J1239 是从控制器。与奥迪 e-tron 充电系统或者充电桩的通信是通过 CP 和 PE 接口用 PWM 信号或者动力线来进行的。

图 2-34　车载充电器接口分布

在通过 CHAdeMO 或者国标 DC 充电接口用直流电来充电时，采用 CAN 总线来与充电桩通信。在直流充电时，整流器就不工作了。充电和空调的时间设置存储在动力电池充电器控制单元 J1050 内。

2.3.3 充电接口盖

充电接口护盖后面就是用于给动力电池充电的充电接口。要想打开这个护盖，必须给车辆解锁并按压按键，位置如图 2-35 所示。充电接口护盖驱动单元 1 VX86 使得护盖向外且向下运动，这时就可够到充电接口了。

充电接口护盖驱动单元由动力电池充电器 1 AX4 通过 LIN 总线激活，护盖的位置被传给充电器。

在插上充电插头后，这个护盖就不能关闭了。

充电过程结束后，拔下插头，那么充电接口护盖会自动关闭。

根据国别和装备情况（见表 2-2），车上可能会有第二个充电接口。护盖下面有充电接口、LED 模块和 LED 显示的说明。为了方便在黑暗中定位，还配备了照明。通过这个充电接口，可用交流（AC）或直流（DC）来给车辆充电，车上安装 AC 和 DC 组合接口或者单独的 AC 接口、DC 接口。

图 2-35 充电接口盖板（e-tron）

表 2-2 充电接口类型

类型	中国	日本	欧盟	美国
型号 1		●FS		○BFS
型号 2			○BFS	
CCS 1				●FS
CCS 2			●FS	
国标 AC	●FS			
国标 DC	●BFS			
CHAdeMO		●BFS		

说明：●表示标配；○表示选配；FS 代表驾驶员侧；BFS 代表副驾驶员侧。配备有两个充电接口的车，只能通过其中的一个来充电。

2.3.4 充电 LED 状态灯

充电接口旁的 LED 模块通过各种颜色和灯模式来展现当前的状态。该 LED 模块旁边有显示说明，如图 2-36 所示。

充电接口旁 LED 模块显示状态与含义见表 2-3。

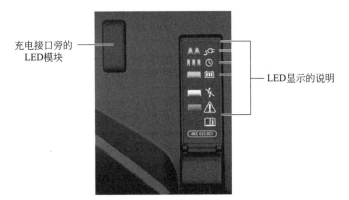

图 2-36 充电接口旁 LED 灯面板

表 2-3 充电接口旁 LED 模块显示状态与含义

充电单元上的 LED		含义
关闭		车上的充电系统处于休眠状态。计时器可能处于激活状态,但充电尚未开始
		充电过程暂停
绿色	跳动	动力电池正在充电
	闪烁	计时器已激活,但充电过程尚未开始
	亮起	动力电池的充电过程已经结束
黄色	亮起	尽管插上了充电电缆,但是并未识别出充电电压。请检查充电电源的供电情况。在使用奥迪 e-tron 充电系统时,请检查操纵单元上的状态显示
	闪烁	车辆要溜车了。请检查是否挂入了 P 挡及驻车制动器是否拉紧
红色	亮起	充电插头在车上的充电接口上没能正确锁定。请检查充电插头是否插好了。拔下充电插头并将其再次插上,或者使用另一个充电桩。如果该 LED 仍亮起,那就说明车辆充电系统或者电源有故障
		充电单元的两个护盖都打开了。请把不使用的充电单元护盖关上。如果该 LED 仍亮起,那就无法给动力电池充电
		外部温度过低或者过高

2.3.5 充电接口类型

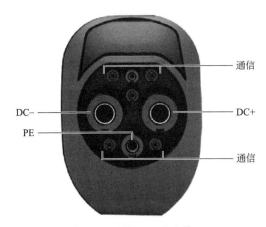

图 2-37 国标 DC 充电接口

根据类型不同,车辆在驾驶侧和副驾驶侧会配备不同的充电接口。动力电池充电器 1 AX4 通过温度传感器来监控充电接口的温度,如果温度较高,它会逐渐降低充电电流,直至中止充电过程。如果温度降下去了,那么它会逐渐提高充电电流。

国标 DC 充电接口如图 2-37 所示。

动力电池充电系统充电接口 1 UX4 用直流(DC)电给动力电池充电。充电桩和动力电池充电器 1 AX4 之间的通信通过通信触点来进行。

中国规格的 AC 充电接口如图 2-38 所示。

在充电系统充电接口 2UX5 上，可以用交流（AC）电来给动力电池充电。充电桩和动力电池充电器 1 AX4 之间的通信通过触点 CP 和 PE 来进行。

Mennekes 类型 1 充电接口如图 2-39 所示。

在动力电池充电系统充电接口 2 UX5 上，可以用交流（AC）电来给动力电池充电。充电桩和动力电池充电器 1 AX4 之间的通信通过触点 CP 和 PE 来进行。

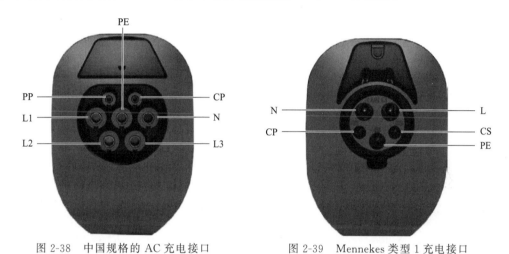

图 2-38 中国规格的 AC 充电接口　　　　图 2-39 Mennekes 类型 1 充电接口

Mennekes 类型 2 充电接口如图 2-40 所示。

在动力电池充电系统充电接口 2 UX5 上，可以用交流（AC）电来给动力电池充电。充电桩和动力电池充电器 1 AX4 之间的通信通过触点 CP 和 PE 来进行。

组合式充电系统类型 1 充电接口如图 2-41 所示。

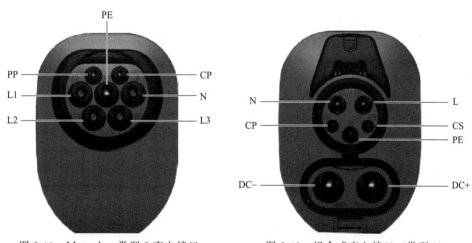

图 2-40 Mennekes 类型 2 充电接口　　　　图 2-41 组合式充电接口（类型 1）

在动力电池充电系统充电接口 1 UX4 上，可以用交流（AC）电或直流（DC）电来给动力电池充电。DC 触点用盖保护着。充电桩和动力电池充电器 1 AX4 之间的通信通过触点

CP 和 PE 来进行。

组合式充电系统类型 2 充电接口如图 2-42 所示。

在动力电池充电系统充电接口 1 UX4 上，可以用交流（AC）电或直流（DC）电来给动力电池充电。DC 触点用盖保护着。充电桩和动力电池充电器 1 AX4 之间的通信通过触点 CP 和 PE 来进行。

移动充电（CHAdeMO）型充电接口如图 2-43 所示。

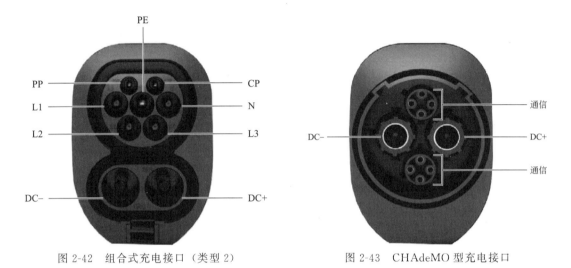

图 2-42 组合式充电接口（类型 2）　　　图 2-43 CHAdeMO 型充电接口

动力电池充电系统充电接口 1 UX4 用直流（DC）电给动力电池充电。充电桩和动力电池充电器 1 AX4 之间的通信通过通信触点来进行。

2.3.6 充电方式与原理

配备有两个充电接口（直流和交流）的奥迪 e-tron 汽车可用交流（AC）电或者直流（DC）电来给动力电池充电。充电接口上的直流接口连接至开关盒，直流电就直接输入到动力电池内了。充电接口上的交流接口连接至动力电池充电器。在充电器内，交流转换为直流，并通过开关盒输入到动力电池内。充电连接方式如图 2-44 所示。

当用交流（AC）来充电时，车上的充电器按照蓄电池调节控制单元 J840 预设参数将交流（AC）转换为直流。在充电过程中，电压大小和电流大小始终在调整中。

充电器（AX4）的充电功率是 11kW，两个充电器加一起（AX4 和 AX5）的充电功率是 22kW。

在充电电缆插头插上车辆的充电接口时，车辆首先通过触点 PE 与电源的地线（保护线）相连，随后是触点 PP 接触上，充电器通过触点 PE 和 PP

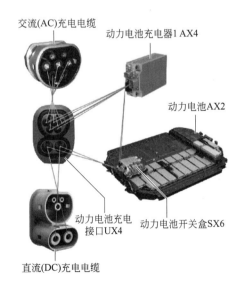

图 2-44 充电连接方式

之间的电阻 1 识别出插头并拉紧驻车制动器。随后 L 相与零线就接触上了。最后，触点 CP 接触上，电源与车辆之间的通信开始，充电接口被锁定。如果通信成功，那么高压系统就被激活，充电开始，模块上的 LED 呈绿色在闪烁。

电源会提供最大电流强度信息给充电器。蓄电池调节控制单元 J840 规定充电器的充电电压和充电电流、监控充电过程并更新这些规定值。

当充电过程结束，动力电池内的接触器就脱开了。如果 LED 呈黄色亮起，说明没有识别出有电的电源；如果 LED 没亮起，说明没有识别出插头。

用直流（DC）来充电的话，动力电池直接与电源相连。为此需要按照蓄电池调节控制单元 J840 的规定值来适配充电电压和充电电流。

车辆方面的充电功率是受动力电池限制的，最大可达 150kW。这时的充电器仅起与电源进行通信的作用。

在充电电缆插头插上车辆的充电接口时，车辆首先通过触点 PE 与电源的地线（保护线）相连，随后是触点 PP 接触上，充电器通过触点 PE 和 PP 之间的电阻 2 识别出插头并拉紧驻车制动器。随后 DC＋和 DC－就接触上了。最后，触点 CP 接触上，电源与车辆之间的通信开始，充电插头被锁定。如果通信成功，那么高压系统被激活，直流接触器接合，充电就开始了，模块上的 LED 呈绿色在闪烁。

电源将最大电压和电流信息发给充电器。蓄电池调节控制单元 J840 规定充电器的充电电压和充电电流、监控充电过程并更新这些规定值。

当充电过程结束，直流充电接触器和动力电池内的接触器就脱开了。如果 LED 呈黄色亮起，说明没有识别出有电的电源；如果 LED 没亮起，说明没有识别出插头。

说明：在使用 CHAdeMO 和国标 DC 时，插头识别和通信通过通信触点来进行。

要想给动力电池充电，车辆需要与电源进行通信。要想建立起这个通信，车辆首先就要识别出充电插头并锁住插头。具体是通过充电插头内的一个电阻来识别出插头的。根据插头的情况，充电插头可以手动锁住，也可以在车上自动锁住。

如果充电插头锁住了，那么电源和车辆之间的通信就开始了，是通过 PWM 信号、动力线通信或者 CAN 总线来进行的。电源和蓄电池调节控制单元 J840 之间是通过动力电池充电器控制单元 J1050 来进行通信的。不同充电接口的上锁方式见表 2-4，通信方式如表 2-5 所示。

表 2-4　充电接口上锁方式

充电接口锁	类型 1	CCS 1	类型 2	CCS 2	CHAdeMO	国标 AC	国标 DC
自动			X	X			
手动	X	X			X	X	X

表 2-5　充电接口通信方式

通信	类型 1	CCS 1	类型 2	CCS 2	CHAdeMO	国标 AC	国标 DC
PWM，通过 CP	X		X			X	
PLC，通过 CP		X		X			
CAN 总线					X		X

如果充电定时器没工作，那么充电过程会立即开始。如果通过 CHAdeMO 充电，则必

须在充电桩处开始充电过程。在自主工作状态时,高压系统在点火开关关闭的情况下是激活的,不受司机监控,比如当动力电池正在充电时,当驻车空调正在工作时,当动力电池正在给12V蓄电池补充电量时。

数据总线诊断接口J533监控高压系统。它负责控制下述功能:监控安全线,监控绝缘值,允许动力电池内接触器和充电接触器接合,通过仪表板内控制单元J285输出系统信息。

项目4 比亚迪汽车

2.4.1 三合一充配电总成

车辆的充电系统包括直流充电系统和交流充电系统。直流充电是利用车辆外的直流充电桩给车辆充电,直流充电桩输出高压直流电给动力电池包充电。车辆的直流充电系统主要组成部分:直流充电口、充配电三合一、动力电池总成。交流充电是通过交流充电桩给车辆充电,电网交流电(民用220V)通过交流充电桩输出并在OBC(OBC集成在充配电三合一中)转化为高压直流电给动力电池包充电。车辆上交流充电系统主要组成部分:交流充电口、充配电三合一、动力电池总成。

比亚迪元EV车型充配电总成接口分布如图2-45所示,接口说明见表2-6。

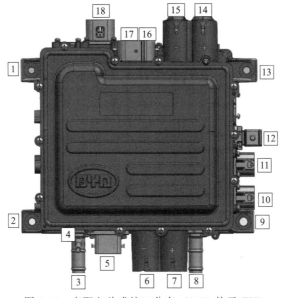

图2-45 充配电总成接口分布(2021款元EV)

表2-6 充配电总成接口含义说明

序号	定义	对接说明
1	辅助定位(φ10)	安装在前舱大支架上
2	辅助定位(φ10)	安装在前舱大支架上
3	出水口	连接冷却水管
4	排气孔	连接排气管

续表

序号	定义	对接说明
5	低压信号	连接低压线束
6	直流充电接口负极	连接直流充电口
7	直流充电接口正极	连接直流充电口
8	进水口	连接冷却水管
9	辅助定位($\phi 10$)	安装在前舱大支架上
10	空调 PTC 配电	连接空调 PTC
11	空调压缩机配电	连接空调压缩机
12	低压正极输出	连接蓄电池
13	主定位($\phi 9$)	安装在前舱大支架上
14	电机控制器配电正极	连接动力电机控制器
15	电机控制器配电负极	连接动力电机控制器
16	高压直流输入/输出正极	连接动力电池包
17	高压直流输入/输出负极	连接动力电池包
18	交流充电接口	连接交流充电口

e5 车型充配电三合一总成接口分布如图 2-46 所示，接口含义说明见表 2-7。

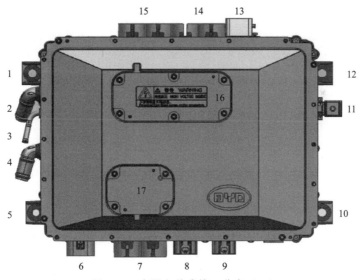

图 2-46 充配电总成接口分布（e5）

表 2-7 比亚迪 e5 充配电总成接口含义及说明

序号	定义	对接说明
1	辅助定位($\phi 13$)	安装在前舱大支架上
2	出水口	连接冷却水管
3	排气口	连接排气管
4	进水口	连接冷却水管

续表

序号	定义	对接说明
5	主定位(φ11)	安装在前舱大支架上
6	交流充电输入	连接交流充电口
7	直流充电输入	连接直流充电口
8	空调压缩机配电	连接空调压缩机
9	PTC水加热器配电	连接PTC
10	辅助定位(φ13)	安装在前舱大支架上
11	低压正极输出	连接蓄电池
12	辅助定位(φ13)	安装在前舱大支架上
13	低压信号	连接低压线束
14	高压直流输入/输出	连接动力电池包
15	电机控制器配电	连接电机控制器
16	电控甩线和直流母线线鼻子固定维修盖	线鼻子固定点维修盖板
17	直流充电线缆线鼻子固定维修盖	线鼻子固定点维修盖板

e5充配电总成实物接口分布如图2-47~图2-50所示。

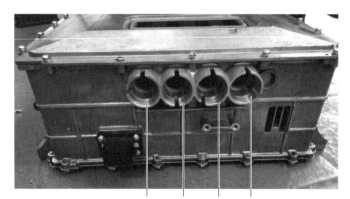

图2-47 后部接口分布

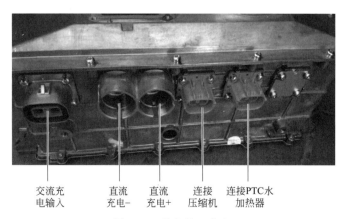

图2-48 前部接口分布

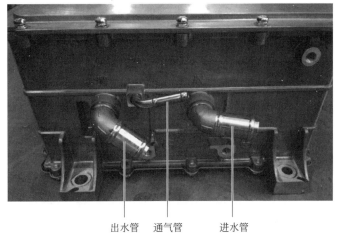

出水管　通气管　进水管

图 2-49　右侧接口分布

DC输出+

图 2-50　左侧接口分布

充配电总成内部接触器与保险安装位置如图 2-51 所示。

直流充电负极接触器　　　　　直流充电正极接触器

压缩机、PTC保险

图 2-51　内部接触器与保险位置

汉 EV 充配电总成接口分布如图 2-52 所示。

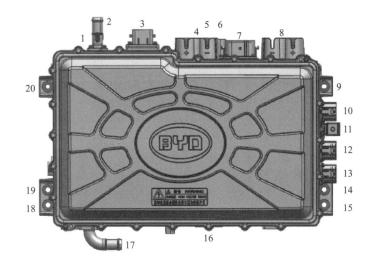
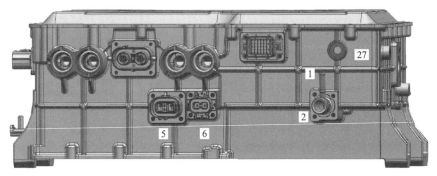
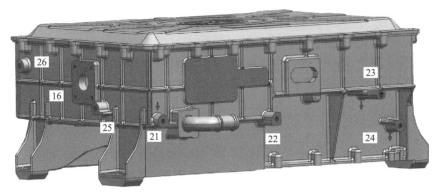

图 2-52 汉 EV 充配电总成接口分布

1—排气口；2—出水口；3—低压信号；4—直流充电输入；5—交流放电输出；6—交流充电输入；7—高压直流输入/输出；8—电机控制器配电；9—辅助定位（$\phi 9 \times 10.5$）；10—空调 PTC 配电；11—低压正极输出；12—空调压缩机配电；13—电池加热配电；14，15—辅助定位（$\phi 10$）；16—N 线接口；17—进水口；18，19—辅助定位（$\phi 10$）；20—主定位（$\phi 8.5$）；21—搭铁点；22—水管固定点；23—搭铁点；24—搭铁点；25—搭铁点；26—水管固定点；27—排气口

充配电三合一低压连接器端子分布如图 2-53 所示，e1/e2/e3 车型充配电三合一低压连接器端子定义见表 2-8，e5 车型充配电三合一低压连接器端子定义见表 2-9，汉 EV 车型充配电三合一低压连接器端子定义见表 2-10。

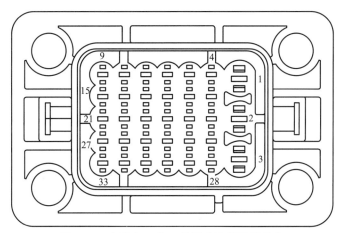

图 2-53 充配电三合一低压连接器端子分布

表 2-8 充配电三合一低压连接器端子定义（e1/e2/e3 车型）

端子序号	名称	定义	线束接法
1	OFF-12V-1	常电 1	接 12V 常电
2	OFF-12V-1	常电 2	接 12V 常电
3	GND	常电电源地 1	
4	CC	充电连接确认	接交流充电口-2
5	CP	充电控制导引	接交流充电口-1
6	CC-BMC	充电连接信号	接动力电池包 33PIN-30
7	T-CDK	充电口温度检测	接交流充电口-7
8	SOURSE-JCQ	直流充电正极/直流充电负极接触器电源	接动力电池包 33PIN-12
9	CONTROL-JCQ+	直流充电正极接触器控制信号	接动力电池包 33PIN-24
10	CONTROL-JCQ−	直流充电负极接触器控制信号	接动力电池包 33PIN-31
12	DCHS-IN	直流高压互锁输入	接动力电池包 33PIN-13
13	DCHS-OUT	直流高压互锁输出	接动力电池包 33PIN-18
16	CAN-H	动力网 CAN 线	
17	CAN-L	动力网 CAN 线	
19	GND	常电电源地 2	

表 2-9 充配电三合一低压连接器端子定义（e5 车型）

端子序号	名称	定义	线束接法
1	OFF-12V-1	常电 1	接 12V 常电
2	OFF-12V-1	常电 2	接 12V 常电
3	GND	常电电源地 1	
4	CC	充电连接确认	接交流充电口-2
5	CP	充电控制导引	接交流充电口-1
6	CC-BMC	充电连接信号	接 BMC02-20

续表

端子序号	名称	定义	线束接法
7	T-CDK	充电口温度检测	接交流充电口-7
8	SOURSE-JCQ	直流充电正极/直流充电负极接触器电源	接 BMC01-15
9	CONTROL-JCQ+	直流充电正极接触器控制信号	接 BMC01-33
10	CONTROL-JCQ−	直流充电负极接触器控制信号	接 BMC01-24
11	SJJC	直流充电接触器烧结检测信号	接 BMC02-7
12	DCHS-IN	直流高压互锁输入	接动力电池包-29
13	DCHS-OUT	直流高压互锁输出	接 BMC02-5
14	ACHS-IN	交流高压互锁输入	接 BMC02-10
15	ACHS-OUT	交流高压互锁输出	接 BMC02-11
16	CAN-H	动力网 CAN 线	
17	CAN-L	动力网 CAN 线	
18	GND	直流充电接触器烧结检测信号地	
19	GND	常电电源地 2	

表 2-10 充配电三合一低压连接器端子定义（汉 EV 车型）

端子序号	名称	定义
1	OFF-12V-1	常电 1
2	OFF-12V-1	常电 2
3	GND	常电电源地 1
4	CC	充电连接确认
5	CP	充电控制导引
6	CC-BMC	充电连接信号
7	T-CDK	充电口温度检测
8	SOURSE-JCQ	直流充电正极/直流充电负极接触器电源
9	CONTROL-JCQ+	直流充电正极接触器控制信号
10	CONTROL-JCQ−	直流充电负极接触器控制信号
12	DCHS-IN	高压互锁输入
13	DCHS-OUT	高压互锁输出
16	CAN-H	动力网 CAN 线
17	CAN-L	动力网 CAN 线
19	GND	常电电源地 2
20	DISC	放电触发信号
21	采样板电源输入	外部输入 12V 电源
23	GND	外部输入 12V 电源地
25	CAN-H	动力网 CAN 线
26	CAN-L	动力网 CAN 线
27	CAN 屏蔽	

e1、e2、S2 车型采用的是 6.6kW 交流充配电三合一总成，其包括车载充电器与 DC/DC 集成模块、高压配电模块以及机械部分。

车载充电器（OBC）与 DC/DC 集成模块主要有两个功能：一是将电网的 220V 交流电转换成高压直流电给动力电池充电；二是将高压直流电转化为 13.8V 低压直流电给整车负载及蓄电池供电。

高压配电模块主要是通过铜排、接触器、保险等器件将电网、动力电池、高压负载等连接成高压回路，将动力电池的高压直流电供给整车高压电器，接收来自车载充电器或其他供给的直流电来给动力电池充电。同时还有其他的辅助检测功能，例如漏电检测、烧结检测等。

机械结构部分主要包括上盖、上箱体、下箱体、下盖，其属于外观件，主要起接口安装固定、防护、冷却等作用。

S2 充配电总成外部结构及接口分布如图 2-54 所示，接口定义及说明见表 2-11。

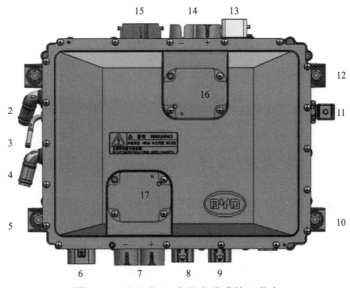

图 2-54　比亚迪 S2 充配电总成接口分布

表 2-11　S2 充配电总成接口定义及说明

序号	名称	线束接法
2	出水口	连接冷却水管
3	排气口	连接排气管
4	进水口	连接冷却水管
6	交流充电输入	连接交流充电口
7	直流充电输入	连接直流充电口
8	空调压缩机配电	连接空调压缩机
9	空调 PTC 配电	连接空调 PTC
11	低压正极输出	连接蓄电池
13	低压信号	连接低压线束

续表

序号	名称	线束接法
14	电机控制器母线	连接电机控制器
15	高压直流输入/输出	连接动力电池包
16	电控甩线鼻子固定维修盖	线鼻子固定点维修盖板
17	直流充电线缆线鼻子固定维修盖	线鼻子固定点维修盖板

比亚迪汉 EV 充配电总成内部结构如图 2-55 所示。

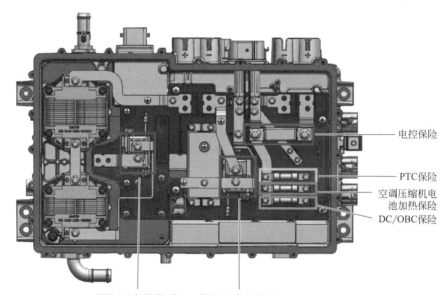

图 2-55 充配电总成内部结构（汉 EV 车型）

S2 车型充配电总成内部结构如图 2-56 所示。

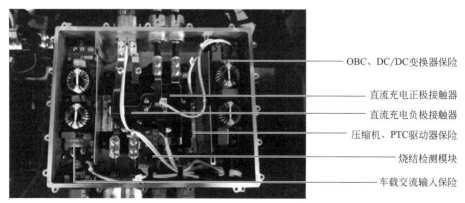

图 2-56 充配电总成内部结构（S2 车型）

e1、e2 充配电外部接口分布如图 2-57 所示。

e2 和 e3 充配电内部无预置保险，PTC/压缩机互锁线预留未连接，故 e2、e3 充配电内部结构与 e1 略有区别，e1/e2/e3 车型充配电总成内部结构如图 2-58 所示。

模块 2　车载充电器及相关系统

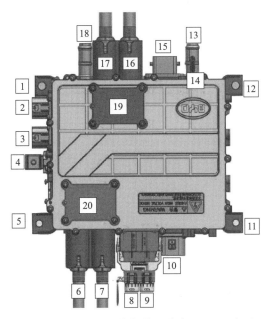

图 2-57　充配电总成外部接口分布（e1/e2 车型）
1—辅助定位（φ10）；2—空调 PTC 配电；3—空调压缩机配电；4—低压正极输出；5—主定位（φ9）；6—电机控制器配电正极；7—电机控制器配电负极；8—高压直流输入/输出正极；9—高压直流输入/输出负极；10—交流充电接口；11—辅助定位（φ10）；12—辅助定位（φ10）；13—出水口；14—排气孔；15—低压信号；16—直流充电接口负极；17—直流充电接口正极；18—进水口；19—直流充电线缆线鼻子固定维修盖；20—电控甩线线鼻子固定维修盖

① e1 压缩机和 PTC 有互锁小线；e2 和 e3 互锁线预留，但未连接，互锁已取消

② e1 有预置保险，e2 和 e3 取消

③ e1 没有电池包互锁小线，e2 和 e3 有电池包互锁小线

(a) e1 车型　　　　　　　　　　　　　　　(b) e2 与 e3 车型

图 2-58　充配电总成内部结构（e1/e2/e3 车型）

2.4.2　烧结检测电路

在直流充电进入到充电确认阶段前，烧结检测模块分别对直流充电正、负极接触器进行烧结检测，如图 2-59 所示。当检测直流充电正极接触器时，烧结检测模块控制直流充电负极接触器吸合，检测光耦元件是否导通，若导通则正极接触器烧结；检测负极接触器时原理

如上。需要注意的是烧结检测是发生在直流充电确认阶段前，若是烧结发生在充电过程中，则在该充电过程中是不会报出烧结故障的。

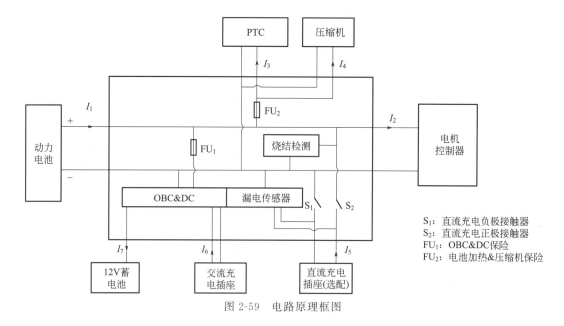

图 2-59　电路原理框图

直流充电正负极接触器烧结测量方法 1：断开蓄电池负极，拔掉充配电 PTC 高压连接器与充配电总成低压连接器，用万用表测量直流充电口 DC＋与 PTC＋（DC－与 PTC－）的导通（或者电阻）情况来确定接触器是否烧结，若导通则烧结，若不导通则正常。直流充电口端子如图 2-60 所示。

直流充电正负极接触器烧结测量方法 2（在允许拆盖维修的前提下）：断开蓄电池负极，拔掉充配电低压连接器，如图 2-61 所示用万用表测量直流充电侧正极和电池包输入正极的导通（或者电阻）情况来确定接触器是否烧结，若导通则烧结，若不导通则正常。

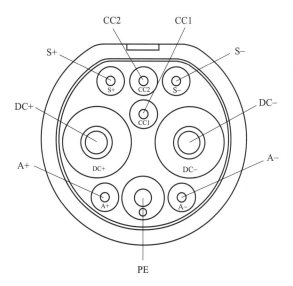

图 2-60　直流充电口端子分布与信号说明

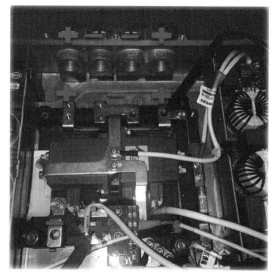

图 2-61　正极端子测量位置

2.4.3　带充电功能的高压电控总成

以秦 EV 和 e5 车型为例，其装配的高压电控总成内部集成：双向交流逆变式电机控制器（VTOG），高压配电和漏电传感器，双向车载充电器，DC/DC 变换器。高压电控总成位于机舱中央，如图 2-62 所示。

图 2-62　高压电控总成

高压电控总成各侧连接端口如图 2-63～图 2-66 所示，32A 空调保险给电动压缩机模块和 PTC 水加热模块供电，DC 低压输出端与低压电池并联给整车低压系统提供 13.8V 电源，高压连接器带有互锁针脚。

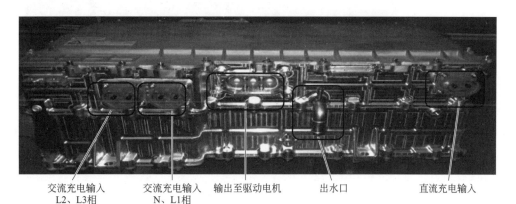

图 2-63　前端接口分布

图 2-64　左侧接口分布

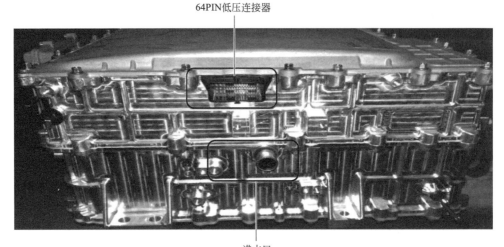

图 2-65 右侧接口分布

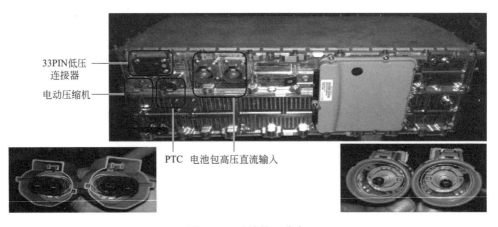

图 2-66 后端接口分布

高压电控总成主要功能：控制高压交流/直流电双向逆变，驱动电机运转，实现充、放电功能（VTOG、车载充电器）；实现高压直流电转化低压直流电为整车低压电器系统供电（DC/DC）；实现整车高压回路配电功能以及高压漏电检测功能（高压配电箱 & 漏电传感器模块）；实现直流充电升压功能。另外还包括 CAN 通信、故障处理记录、在线 CAN 烧写以及自检等功能。总成内部结构如图 2-67 所示。

高压配电箱结构组成：铜排连接片、接触器、霍尔电流传感器、预充电阻，动力电池包正/负极输入。接触器由电池管理器控制，控制充放电。高压配电箱内部结构如图 2-68 所示。

漏电传感器含有 CAN 通信功能，秦 EV 车型通过监测与动力电池输出相连接的正母线与车身底盘之间的绝缘电阻判定高压系统是否存在漏电，漏电传感器将漏电数据信息通过 CAN 信号发送给电池管理器、VTOG，采取相应保护措施，工作原理如图 2-69 所示，漏电判定标准见表 2-12。

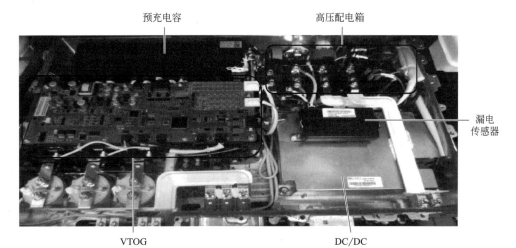

图 2-67 高压电控总成内部结构

图 2-68 高压配电箱内部结构

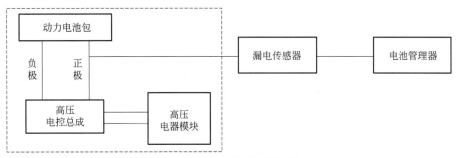

图 2-69 漏电传感器原理图

表 2-12 漏电数据判定标准

高压回路正极或负极对车身地等效绝缘电阻值 R	漏电状态	措施
$R>500\Omega/V$	正常	无
$100\Omega/V<R\leqslant 500\Omega/V$	一般漏电报警	仪表灯亮,报动力系统故障

续表

高压回路正极或负极对车身地等效绝缘电阻值 R	漏电状态		措施
$R \leqslant 100\Omega/V$	严重漏电报警	行车中	仪表灯亮,断开主接触器、分压接触器、电池包内接触器和负极接触器
		停车中	①禁止上电; ②仪表灯亮,报动力系统故障
		充电中	①断开交流充电接触器、分压接触器、电池包内接触器和负极接触器; ②仪表灯亮,报动力系统故障

漏电传感器安装位置见图 2-70,端子定义如表 2-13 所示。

表 2-13 漏电传感器连接器端子定义

端子	序号	定义
2PIN 高压连接器	1	(漏电检测)接电池包正极
	2	(自检)接电池包正极
12PIN 低压连接器	3	CAN-L
	4	严重漏电
	5	GND
	6	双路电
	9	CAN-H
	10	一般漏电
	12	GND

如图 2-71 所示为双向交流逆变式电机控制器（VTOG），其主要功能如下。

图 2-70 漏电传感器安装位置

图 2-71 VTOG 部件实物图

驱动控制（放电）：具有采集加速踏板、制动踏板、挡位、旋变信号等控制电机正向、反向驱动，正、反转发电功能，具有高压输出电压和电流控制限制功能，具有电压跌落、过流、过温、IPM 过温、IGBT 过温保护、功率限制、转矩控制限制等功能，同时具备电控系统防盗、能量回馈控制、主动泄放、被动泄放控制等功能。

充电控制：交、直流转换，双向充、放电控制功能；自动识别单相、三相相序并根据充电电流控制充电方式，根据充电设备识别充电功率，控制充电方式；根据车辆或其他设备请求信号控制车辆对外放电；断电重启功能，即在电网断电又供电时，可继续充电。

高压电控总成低压连接器 33PIN 接口信号包括 DC、接触器双路电＋霍尔电流信号＋高压互锁信号＋接触器控制信号＋CAN 通信（DC、漏电传感器），端子分布如图 2-72 所示。

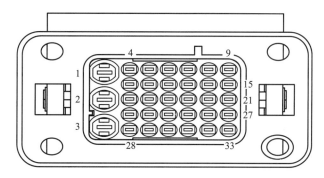

图 2-72　高压电控总成低压 33 芯连接器端子分布（图注中未列出端子为未使用）

4—DC 双路电电源；5—DC 双路电电源；8—DC 双路电电源地；9—DC 双路电电源地；10—直流霍尔屏蔽地；13—CAN 屏蔽地；14—CAN-H；15—CAN-L；16—直流霍尔电源＋；17—直流霍尔电源－；18—直流霍尔信号；20—一般漏电信号；21—严重漏电信号；22—高压互锁＋；23—高压互锁－；24—主接触器/预充接触器电源；25—交直流充电正负极接触器电源；29—主预充接触器控制信号；30—直流充电正极接触器控制信号；31—直流充电负极接触器控制信号；32—主接触器控制信号；33—交流充电接触器控制信号

高压电控总成低压连接器（64PIN）接口信号包括 VTOG 双路电，VTOG 低压控制信号输入、输出，采集信号输入，CAN 通信（VTOG）。端子分布如图 2-73 所示。

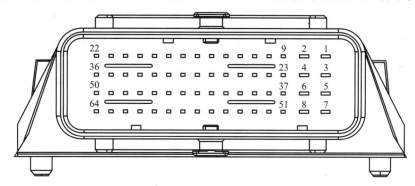

图 2-73　64 芯连接器端子分布（图注中未列出端子为未使用）

1—外部提供 ON 挡电源；2—外部提供常电；4—外部提供 ON 挡电源；6—加速踏板深度屏蔽地；7—外部电源地；8—外部电源地；10—巡航地；11—交流充电口温度 1 地；12—BCM 充电连接信号；13—交流充电口 CC 信号；14—巡航信号；15—电机绕组温度；16—交流充电口温度信号 1；17—制动踏板深度 1；18—加速踏板深度 2；19—BMS 充电连接信号；26—动力网 CAN 信号屏蔽地；29—电机模拟温度地；31—制动踏板深度 2；32—加速踏板深度 1；33—预留开关量输出 1；34—预留开关量输出 2；35—手刹信号；37—制动踏板深度屏蔽地；38—制动踏板深度电源；39—加速踏板深度电源 2；40—加速踏板深度电源 1；41—制动踏板深度电源 2；43—预留开关量输入 1；44—车内插座触发信号；45—旋变屏蔽地；47—交流充电口 CP 信号；49—动力网 CAN-H；50—动力网 CAN-L；51—制动踏板深度电源地 1；52—加速踏板深度电源地 2；54—加速踏板深度电源地 1；55—制动踏板深度电源地 2；56—预留开关量输入 2；57—制动信号；59—励磁－；60—励磁＋；61—余弦＋；62—余弦－；63—正弦＋；64—正弦－

2.4.4 充电系统控制原理

交流充电主要是通过交流充电桩、壁挂式充电盒以及家用供电插座接入交流充电口，通过高压电控总成将交流电转为直流高压电给动力电池充电。

直流充电主要是通过充电站的充电柜将直流高压电直接通过直流充电口给动力电池充电。

充电系统主要组成部分：直流充电口，交流充电口，电池管理器，高压电控总成，动力电池。交流充电原理如图 2-74 所示。

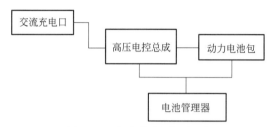

图 2-74 交流充电原理框图

VTOG 充电时，自动识别单相、三相相序并根据充电电流控制充电方式，根据充电设备识别充电功率，控制充电方式。升降压时的充放电连接电路如图 2-75 所示。

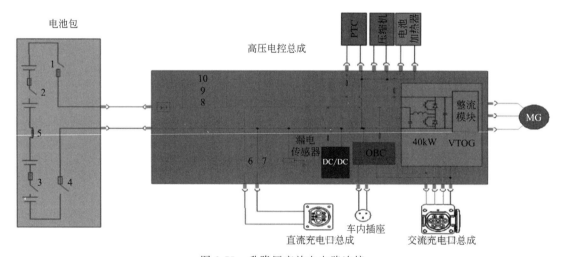

图 2-75 升降压充放电电路连接

1—正极接触器；2—分压接触器1；3—分压接触器2；4—负极接触器；5—维修开关；6—直流充电正极接触器；7—直流充电负极接触器；8—主接触器；9—充电接触器；10—预充接触器

非升降压的充放电连接电路如图 2-76 所示。

交流充电控制流程如图 2-77 所示。

注：粗线框内流程为预约充电功能（装有时）。

直流充电控制流程如图 2-78 所示。

车辆上电流程如图 2-79 所示。

车辆启动或充电时，为缓解对高压系统的冲击，电池管理器先吸合预充接触器，电池包

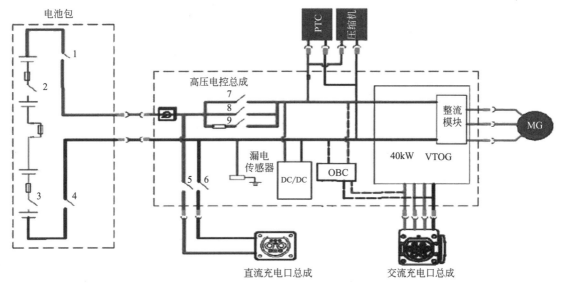

图 2-76 非升降压的充放电连接电路
1—正极接触器；2—电池包分压接触器1；3—电池包分压接触器2；4—负极接触器；5—直流充电正极接触器；6—直流充电负极接触器；7—主接触器；8—交流充电接触器；9—预充接触器

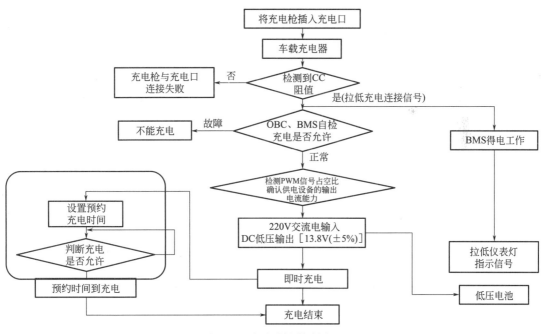

图 2-77 交流充电控制流程

的高压电经预充接触器并联的限流电阻后加载到驱动电机控制器直流母线或 DC 直流母线上。驱动电机控制器或 DC 检测到母线上的电压与电池包电压相差在 50V 以内时，通过 CAN 通道向电池管理器反馈一个预充完成信号，电池管理器收到预充完成信号后控制主接触器吸合，断开预充接触器。

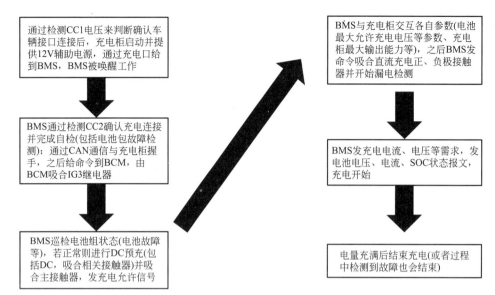

图 2-78 直流充电控制流程

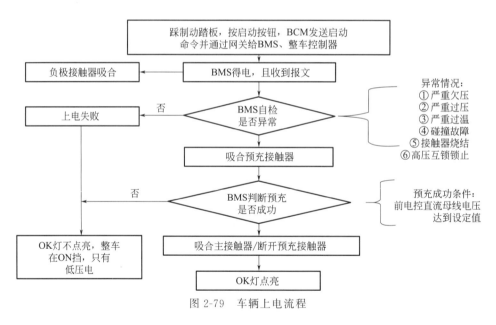

图 2-79 车辆上电流程

注：上电预充与充电预充检测部位不一致，即有可能出现上电报预充失败充电正常的情况；预充过程是发生在 BMS 自检完成以后，漏电检测之前的环节。

项目 5 吉利汽车

2.5.1 充电系统概述

充电系统既能将外部交流电网能量转化为车辆动力电池能量，又能将车辆动力电池能量释放给外部家用电器或其他车辆；并且充电系统能将车辆动力电池能量转化为车辆铅酸电池能量，以保证车辆12V低压电器能量供给。

充电系统由充电设施、高压线束、车载充电器、电池组成，以几何C车型为例，系统组成部件如图2-80所示。

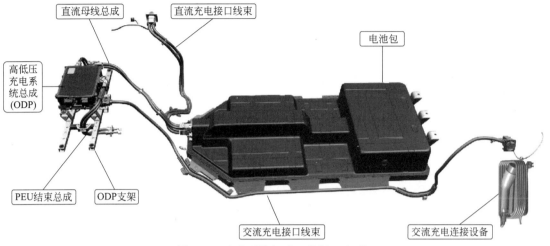

图2-80 充电系统组成（几何C车型）

充电设施将外部交流电网能量变为可控的能量传递给车载充电器或将充电器输出能量转化为可控能量传递给外部家用电器或其他车辆；高压线束用于能量传递；车载充电器将交流能量转化为动力电池所需的直流能量，又能将动力电池的直流能量转化为交流能量提供给外部家用电器或其他车辆；车载充电器可为动力电池充电，经过内部DC/DC电压转换，同时为铅酸电池充电。

车辆正常进入交流充电需满足以下条件：无影响进入交流充电的严重故障；VCU接收到CC和CP连接且有效，接收到P挡或EPB为锁止状态，接收到车速小于2km/h；OBC接收到CC和CP连接且有效，接收到BMS发送的允许充电指令；BMS接收到CC和CP连接且有效，接收到VCU发送的允许充电和闭合继电器指令；OBC根据CC信号、CP信号、BMS允许充电功率、电子锁状态判断输出功率大小。

OBC通过判断连接枪的阻值确定当前整车连接的是充电枪还是放电枪。

系统分为以下几种工作模式（见图2-81）：交流充电模式——用随车充电枪或交流充电

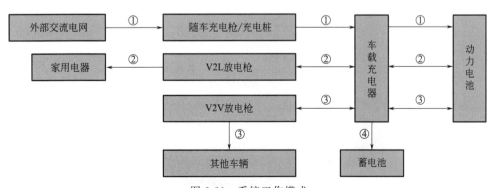

图2-81 系统工作模式

1—交流充电模式；2—V2L放电模式；3—V2V放电模式；4—低压充电模式

桩将外部电网能量通过车载充电器转化为动力电池所需直流能量；V2L 放电模式——动力电池直流能量通过车载充电器转化为交流电网能量，再由 V2L 放电枪将能量传输给家用电器；V2V 放电模式——动力电池直流能量通过车载充电器转化为交流电网能量，再由 V2V 放电枪将能量传输给其他车辆；低压充电模式——动力电池高压直流能量通过车载充电器转化为低压直流能量，为铅酸蓄电池充电。

2.5.2 车载充电器

车载充电器由 OBC、DC/DC、PDU 三部分组成，简称 ODP，其接口分布如图 2-82 所示。

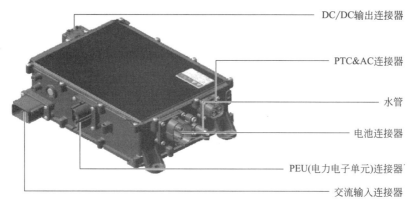

图 2-82 车载充电器接口分布（几何 C 车型）

OBC 将交流能量转化为动力电池所需的直流能量，又能将动力电池直流能量转化为交流能量提供给外部家用电器或其他车辆；DC/DC 将车辆动力电池能量转化为车辆铅酸电池能量，以保证车辆 12V 低压电器能量供给；PDU 将能量分流给各用电模块。

星越 PHEV 车型采用 6.6kW 功率的车载充电器，其主要功能是将电网中的交流电转化为直流电为动力电池供电。车载充电器内部构造如图 2-83 所示。

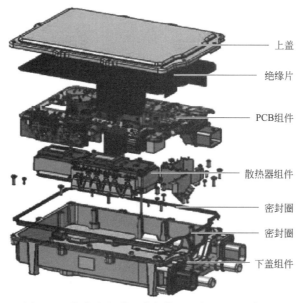

图 2-83 车载充电器组成部件（星越 PHEV 车型）

车载充电器是整车充电器的核心零部件,其主要功能有充电、电子锁控制、预约充电功能。其电路原理框图如图 2-84 所示。

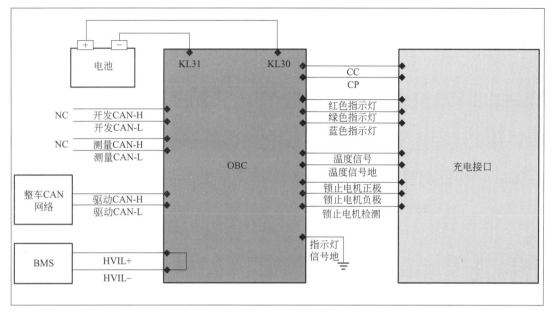

图 2-84 车载充电器工作原理

为防止车辆充电过程中充电枪丢失,车辆具有充电枪锁止、防盗功能。当车载充电器检测 CC、CP 信号正常后,电子锁进行闭锁,充电枪防盗功能将开启,此时充电枪无法拔出。

星越车型具备预约充电功能,预约充电在多媒体人机交互(MMI)上操作,可进行选择充电开始时间以及需充电的时间两项操作,当预约成功时,MMI 界面会提示预约成功。预约充电操作时可连接充电枪也可不连接充电枪,不连接时,只要在开始充电时间之前连接充电枪和电网即可。

星越车型的随车充电枪是模式二充电枪,枪的一端为三脚的插头,中间为控制盒,另一端为与车载充电接口对接的充电枪头(按照国标开发),如图 2-85 所示。其最大可承载的电流为 8A,有漏电流保护功能及充电状态显示功能。

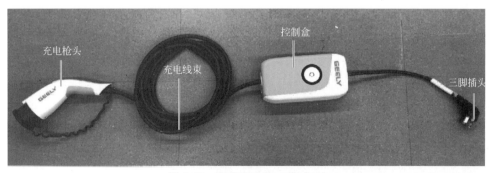

图 2-85 交流充电枪(模式二)

模式二充电枪的三脚插头连接电网端，其控制盒中包含高压回路开关、漏电流保护装置以及 CP 信号发生器，在充电枪头中含有 CC 回路中所需的 RC、R4 电阻以及 S3 开关，电路简图如图 2-86 所示。

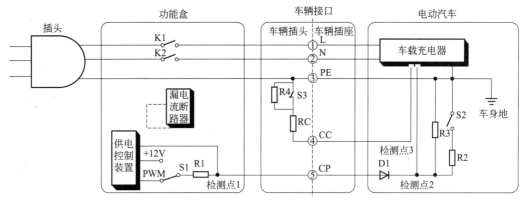

图 2-86　充电枪电路简图

模块 3
移动式充电器

项目 1 宝马汽车

3.1.1 部件功能与电路原理

电动车辆供电设备可集成在充电电缆内或作为固定安装式充电站的组成部分（又称为充电箱）。

电动车辆供电设备 EVSE 负责与交流电压网络建立连接并满足车辆充电电气安全要求。此外还可通过控制导线与车辆建立通信，这样可以安全启动充电过程并在车辆与 EVSE 之间交换充电参数（例如最大电流强度）。

交流电压网络电压可为 110V 至 240V，通过单相方式传输至车辆。交流电压网络的理论最大充电功率为 $P_{max}=U_{max}\times I_{max}=240\text{V}\times32\text{A}\approx7.7\text{kW}$。

i3 充电组件均采用标准化结构和功能。在欧洲国家，IEC 61851 为相关适用标准，充电组件满足其规定的充电模式二（使用附加控制导线连接标准家用插座）和充电模式三（使用控制导线连接固定安装式充电箱）。在美洲国家，SAE J1772 为适用标准，其规定的充电等级 1 和 2 与充电模式二和三相似。车辆大部分充电组件均以一种技术规格满足两种标准，只有电动车辆供电设备组件需要针对欧洲和美洲提供不同国家规格和标准规格。

在这两种情况下，EVSE 都带有以下子组件：故障电流保护开关（FI）；显示交流电压网络是否连接和可用的组件；相位（L1）和零线（N）的断路开关；用于产生控制信号的电子电路；连续式地线（PE）。

虽然 i3 的动力电池也可通过制动能量回收利用进行部分充电，但当车辆与本地能量供应公司的交流电压网络连接时就会进行"正常"充电过程，此时从交流电压网络获取能量并传输至车辆的直流电压高压车载网络。

3.7kW 交流充电在很多国家均为标准配置，充电电路如图 3-1 所示。这种充电方式的较大优势在于，对动力电池进行充电时可将充电电缆连接到任何带有保护触点的普通家用插

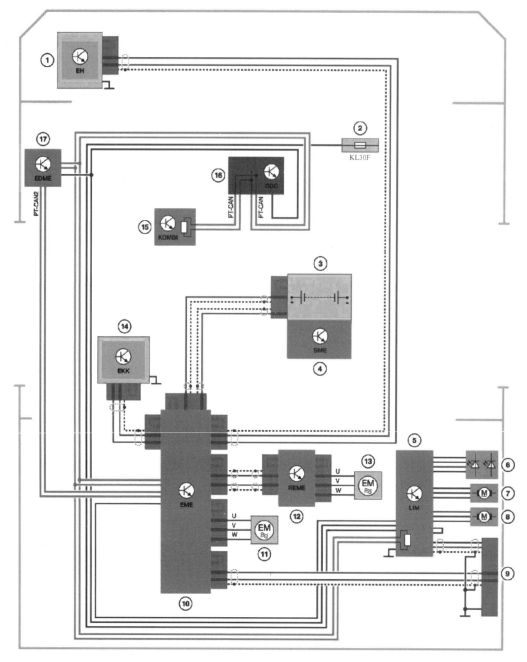

图 3-1　3.7kW 交流充电电路图

1—电气加热装置 EH；2—LIM 供电（总线端 30F）；3—动力电池单元；4—蓄能器管理电子装置 SME；5—充电接口模块 LIM；6—定向和状态照明；7—用于插头锁止装置的电驱动装置；8—用于充电接口盖的电驱动装置；9—车辆上的充电接口；10—电机电子装置 EME；11—电机；12—增程电机电子装置 REME；13—增程电机；14—电动制冷剂压缩机 EKK；15—组合仪表 KOMBI；16—车身域控制器 BDC；17—数字式发动机电气电子系统 EDME

座上。但这样会使充电电流强度限制为最大16A。例如在德国通过交流电压网络供电时,最大充电功率为3680W（$U×I=230V×16A$）。从纯粹的计算角度来说,使之前完全放电的动力电池（可存储能量净值18.8kWh）重新充满电大约需要持续7小时。为减少数小时的最大充电功率使用时间,不允许以最大充电电流进行充电,因此实际充电持续时间延长。

3.1.2 组成部件介绍

带有电动车辆供电设备集成式移动型号的充电电缆如图3-2所示。

集成在充电电缆内的电动车辆供电设备又称为集成式电缆箱,设计用于移动。该方案设计的体积和重量均较小,能够在车内轻松运输充电电缆及EVSE。EVSE部件外观如图3-3所示。

由于使用普通家用插座将该EVSE连接到交流电压网络上,因此限制了最大充电电流强度。在德国针对该交流电压网络提供的相关产品型号可使用最大16A电流强度或最大3.7kW充电功率。在最佳条件下,使之前完全放电的动力电池重新充满电（可储存能量净值18.8kWh）大约需要持续7小时。

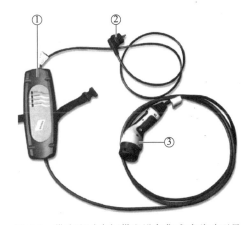

图3-2 带有电动车辆供电设备集成式移动型号的充电电缆（依据IEC 61851采用充电模式二）

1—电动车辆供电设备（集成型,又称为集成式电缆箱）；2—用于连接家用插座的插头；3—用于连接车辆的插头

充电电缆包括以下组件：不同国家规格插头,用于带保护触点的普通家用插座；不同国家规格插头与集成式电缆箱之间的连接电缆；集成式电缆箱（EVSE）；集成式电缆箱与连接车辆接口的插头之间的连接电缆；用于连接车辆接口的插头。

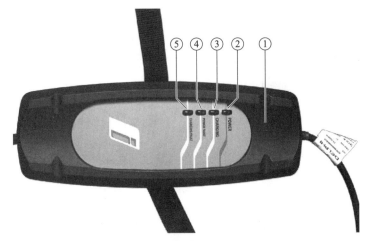

图3-3 用于移动的EVSE

1—BMWi移动式EVSE；2—可用供电显示；3—充电显示；4—供电装置故障显示；5—充电期间故障显示

充电电缆是交流电压网络与车辆直流电压高压车载网络之间的电气连接,将交流电压网

络连接到带保护触点的普通家用插座上（当然不带电动车辆供电设备）。在此情况下，电动车辆供电设备的电路和功能集成在充电电缆内。宝马 i3 使用的这种充电电缆针对车辆充电接口始终采用单相设计（相位 L1 和零线 N），始终带有地线 PE 以及控制和接近导线。插头的设计原理可确保首先与保护触点连接。通过地线使车辆接地。

可将充电电缆放在机舱盖下方的充电电缆盒内。

可通过车上的"设置"菜单限制插座上的最大电流强度，如图 3-4 所示。如果插座上的电流强度不够或不明，建议调节为"减小"或"较低"电流强度。

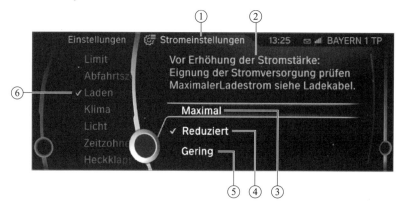

图 3-4 电流强度设置菜单

1—子菜单"电流设置"；2—提示文字"提高电流强度前：检查供电能力。最大充电电流参见充电电缆。"
3—"最大"充电电流 100％电流强度（有关接近导线的信息）；4—"减小"充电电流
75％电流强度（有关接近导线的信息）；5—"较低"充电电流约 6A；6—"设置"菜单

项目 2 奥迪汽车

3.2.1 高压充电系统操纵单元

以奥迪 e-tron 为例，该车配备的高压充电系统是第二代奥迪电动车辆充电系统，该系统位于电机舱中杂物箱内，系统组成部件如图 3-5 所示。

当充电系统连接到交流电网上时，高压充电系统操纵单元被激活，此时，内部接触器脱

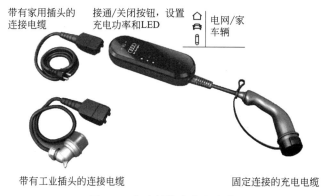

图 3-5 奥迪便携式充电套装

开，车辆充电接口上无电流通过。接触器仅在充电过程中才会接合。

充电前该操纵单元需要接上充电电缆（充电电缆各国是不同的），电缆另一端连接到交流电网上。每个连接电缆都配有家用插头和工业插头。与动力电池充电器 1 AX4 的通信是通过触点 CP 和 PE 用 PWM 信号来进行的。

3.2.2 专用插座介绍

连接在交流电网上时的最大充电功率：家用插座为 18kW（8A）；工业插座（在连接到工业插座上时，充电功率被预置为 50%。可把充电功率提升至 100%，这个设置可一直保持到从电网上断开操纵单元为止）为 11kW（48A，单相或三相）。

充电功率可设置为 50% 或 100%，各国的操纵单元是不同的。操纵单元的固定配件有充电夹和插头座，如图 3-6 所示，充电夹和插头座可以固定在车库墙上，操纵单元可以放在充电夹内并用锁锁住。如果车辆不充电了，可以把充电电缆缠到充电夹上，并把车辆充电插头挂在插头座上。

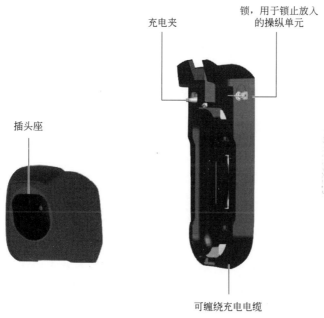

图 3-6　固定式配件结构

模块 4
壁挂式充电器

项目 1 概述

4.1.1 充电方式及特点

电动汽车充电时可选择使用随车充电电缆、固定安装的壁挂式充电盒以及交流或直流充电桩（站）。这四种方式前三种由于充电电流小，所以对电池伤害也比较小，但对应的充电时间会比较长，直流充电桩充电的特点则与之相反，充电时间快但对电池伤害也比较大。如表 4-1 所示。

表 4-1　电动汽车充电方式

充电类型	电流特点	充电连接方式		充电功率	充电时间（宝来 EV）
家庭充电	交流 AC	随车充电线		1.7kW(8A)	≈21h
		固定安装的墙盒		3.6kW(16A) 7.2kW(32A)	≈12h ≈6h
公共充电	交流 AC	交流充电站		10~60kW	≈6h
	直流 DC	直流充电站		10~60kW	≈40min（充电至 80%）

参考停车位离墙的距离。一般场地较大、离墙远的场所，安装立柱式充电机；场地有

限、离墙近的场所，使用壁挂式充电器，省空间，如图 4-1 所示。

图 4-1　壁挂式充电器应用场景

在我国，单相 220V 通常是生活用电，比如自家的小型充电桩，最高输出 7kW/h；三相 380V 一般用于工业生产，比如公共直流充电桩，最高输出 11kW/h。私人也可以申请 380V 充电桩，但需要提前了解小区供电政策、相关部门的审批手续等因素，条件允许的小区用户，可以使用三相 380V 的"快充"。

充电器的功率直接关系到充电速度。和手机充电器一样，以车载充电器功率为例。功率较小的，比如宏光 MINIEV/欧拉黑猫，可以选 3.5kW；比亚迪/理想/蔚来/小鹏/荣威/埃安等适用 7kW；小鹏 P7 长续航/极星/极氪 001/特斯拉 Model3、Y 适用 11kW；ModelX、S 适用 16kW。

4.1.2　充电连接电路

充电模式三即使用壁挂式充电盒或落地式充电桩固定安装并与车辆连接的充电方式，这种连接按线缆接口连接方式又分为 B、C 两种类型，连接方式 B 的交流枪线可以从充电器上取出来，而连接方式 C 是固定在充电器上的。市面上常见的产品为方式 C。在电路原理上，B 和 C 的控制方式是相同的。电路连接方式如图 4-2、图 4-3 所示。

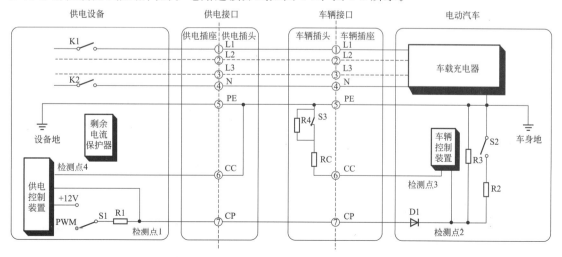

图 4-2　充电模式三连接方式 B 的控制导引电路

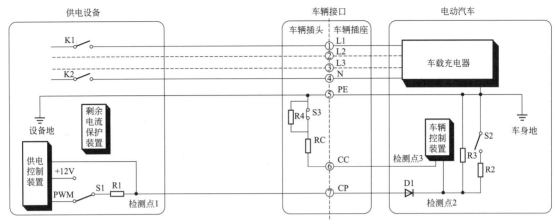

图 4-3　充电模式三连接方式 C 的控制导引电路

连接通信信号包括确认插枪物理连接的 CC（Connection Confirm，连接确认）信号和充电导引的 CP 信号。充电枪枪头内有电阻 R4、RC 和机械开关 S3，机械开关为用户可以手动操纵开合的装置，按下时 S3 断开，松开时 S3 闭合。充电器通过检测点 1 处电平值来确认充电枪是否连接完好，初始状态下，S1 接通 12V。插枪成功后，车辆端的 R1 和充电器里的 R3 分压，检测点 1 的电平值由 12V 变为 9V 后，充电器将 S1 切换到 PWM 状态。CC/CP 电路板通过检测点 2 的 PWM 占空比来确定交流充电桩可提供的供电电流。当充电条件满足后，CC/CP 电路闭合 S2，车辆端的 R2 和 R3 并联，再和充电器里面的 R1 串联，通过 12V 分压，检测点 1 的 PWM 电平由 9V 变成 6V。交流充电桩收到 6V PWM 信号闭合 K1 和 K2。此时，电网开始给充电器供电，充电过程中，CC/CP 电路实时检测 CP 占空比是否正常。

CP 为 Control Pilot 的缩写，意为控制导引。对车辆端 CP 信号只检测它的占空比，由此得到充电器的最大供电能力（输出电流大小），并且通过开关改变 CP 信号的电平。对充电器而言，只检测 CP 信号的电平，通过 CP 电平判断充电状态。交流充电时的 PP、CP 通信连接电路如图 4-4 所示。

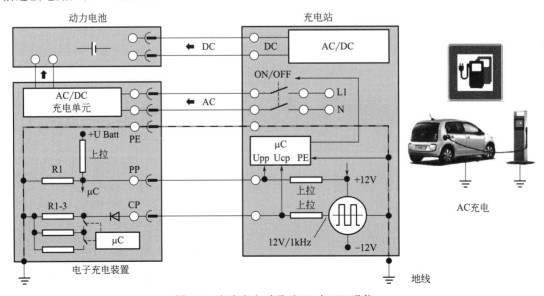

图 4-4　交流充电时通过 PP 与 CP 通信

CP 的占空比用来体现交流充电器的最大供电（电流）能力，幅度比率决定充电状态，8%～97%之间的 PWM 信号占空比报告充电站的最大电力输出。PWM 调制信号特征如图 4-5 所示。

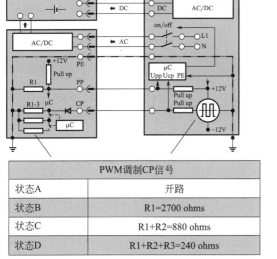
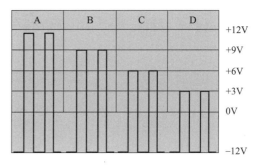

PWM调制CP信号	
状态A	开路
状态B	R1=2700 ohms
状态C	R1+R2=880 ohms
状态D	R1+R2+R3=240 ohms

图 4-5　PWM 调制 CP 信号负载

项目 2　比亚迪汽车

4.2.1　壁挂式充电盒结构

比亚迪新能源汽车用 3.3kW 壁挂式充电盒外观及内部结构如图 4-6 所示。

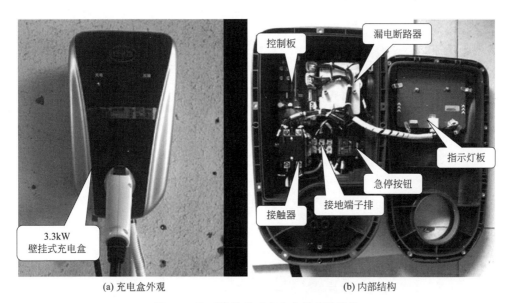

(a) 充电盒外观　　(b) 内部结构

图 4-6　比亚迪壁挂式充电盒外观及结构

4.2.2 充电枪常见故障及检测

（1）充电枪线束断路、固定端子虚接

检测步骤如下。

① 测试充电枪口火线（L）与接触器 L 是否导通正常，连接牢固，见图 4-7。

② 测试充电枪口零线（N）与接触器 N 是否导通正常，连接牢固。

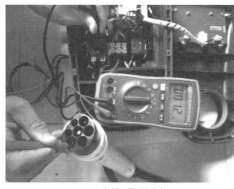 

(a) 火线L导通测试　　　　　　　　　(b) 零线N导通测试

图 4-7　充电枪口 L/N 接线测试

③ 检测充电枪口接地 PE 与接地端子排 PE 是否导通正常，连接牢固，见图 4-8。

④ 检测充电枪口信号线 CP 与充电盒信号线 CP 是否导通正常，连接牢固。

(a) 接地PE导通测试　　　　　　　　　(b) 信号线CP导通测试

图 4-8　充电枪口 PE、CP 接线测试

⑤ 检查 N/L/CP/PE 充电盒与充电枪口位置是否对应，如图 4-9 所示。

（2）充电枪开关电阻异常

正常情况下，充电枪开关阻值（CC 与 PE）按下按钮为无穷大，未按下按钮阻值为 680Ω 左右，如图 4-10 所示。

（3）充电枪开关不回位

可以按动充电枪开关，检查开关回位是否正常；接着检查充电枪 N/L/CP/PE/CC 端子是否松动，见图 4-11。出现以上异常更换充电枪。

模块 4　壁挂式充电器

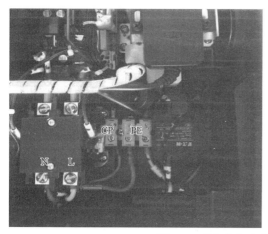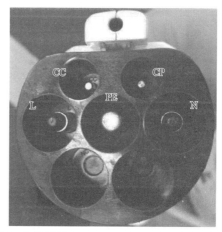

图 4-9　充电盒与充电枪口连接端子

(a) 按下按钮时阻值　　　　　　　　　(b) 未按下按钮时阻值

图 4-10　充电枪开关阻值测试

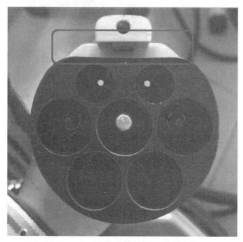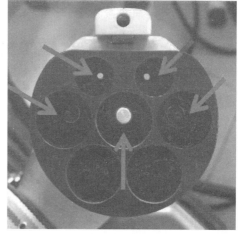

(a) 充电枪开关回位检测　　　　　　　(b) 充电枪口端子检测

图 4-11　充电枪开关与端子检测

模块 5
交流充电桩

项目 1　宝马汽车

5.1.1　交流充电设备与充电枪

电动车辆供电设备根据其尺寸和电气要求必须以固定方式安装,例如安装在客户屋内或车库内,在公共场所例如停车场也可以设立充电站。

固定安装式充电站(又称为充电箱)分为交流充电站和直流充电站两种。

交流充电站可通过二相(美国)或三相(在德国普及)方式将交流电充电站连接至交流电压网络,但始终通过单相方式与车辆进行连接。与移动方案不同,此种方案最大电流强度可为32A,最大充电功率可为7.4kW,这些最大值由安装场地电气安装所用导线横截面大小所决定。进行安装时,电气专业人员根据导线横截面进行充电站配置,从而确保通过控制信号可将相应最大电流强度传输至车辆。

德国 Mennekes 公司是固定安装式交流电充电站的一个供应商。图5-1展示了该制造商的一种交流充电站,图5-2展示了连接车辆接口的充电电缆

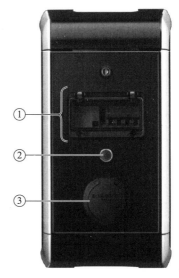

图 5-1　Mennekes 公司的固定
安装式充电站(充电箱)

1—导线保护开关(过电流保险丝)和故障电流保护开关(FI);2—用于中断和继续充电过程的按钮;
3—用于连接充电电缆和充电站的端盖和插孔

上的相应插头。

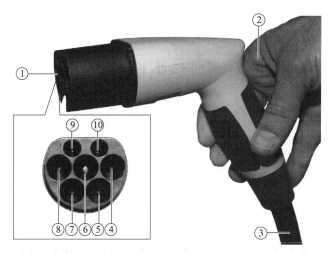

图 5-2 连接车辆接口的充电电缆插头（依据 IEC 62196-2 标准化；型号 2）

1—机械导向件/插头壳体；2—手柄/插头壳体；3—导线；4—零线 N 接口；5—相位 L3 接口（不在 i3 上使用）；6—地线 PE 接口；7—相位 L2 接口（不在 i3 上使用）；8—相位 L1 接口；9—接近导线接口；10—控制导线接口

提供给其他国家的或由其他制造商制造的交流充电站可能与上述型号有所不同。图 5-3 展示了一种针对美国市场的交流充电站。

在美国，充电电缆与交流充电站之间不允许使用插接连接器，因此客户无法断开充电电缆与交流充电站的连接。故图 5-3 中所示插头也并非用于连接交流充电站而是连接车辆，且仅保存在充电站内。

通过固定安装式交流充电站进行 7.4kW 交流充电（又称为交流电快速充电）。为了提供 7.4kW 充电功率，交流充电站必须在一个相位接口上提供 32A 交流电。$P = U \times I = 230\text{V}$（德国标准）$\times 32\text{A} = 7360\text{W} \approx 7.4\text{kW}$。宝马 i 充电站外观如图 5-4 所示。

图 5-3 针对美国市场的交流充电站
（制造商 AeroVironment 公司）

1—显示运行状态；2—用于启动和停止充电过程的按钮；
3—连接车辆接口的充电电缆及插头（保存在交流充电站内）

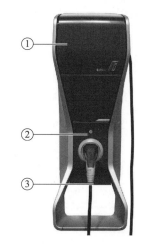

图 5-4 BMW i 充电站

1—BMW i 充电站，2—开关按钮，3—充电插头

5.1.2 交流充电电路

与 3.7kW 交流充电不同，采用 7.4kW 交流充电功率时，EVSE 不再位于充电电缆内而是交流充电站内。通过这种固定安装型号 EVSE 可使完全充满电量过低的 i3 动力电池的所需时间减半（与 3.7kW 交流充电相比）。

7.4kW 交流充电所需组件与 3.7kW 交流充电相同。为了提供额外的 3.7kW 充电功率，除新充电电缆外还使用了另一个新组件即便捷充电电子装置 KLE。

以宝马 i3 车型为例，7.4kW 交流充电电路如图 5-5 所示。

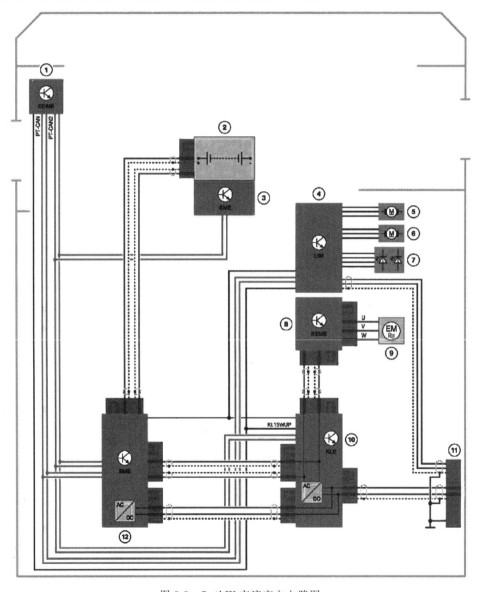

图 5-5　7.4kW 交流充电电路图

1—数字式发动机电气电子系统 EDME；2—动力电池单元；3—蓄能器管理电子装置 SME；4—充电接口模块 LIM；5—用于锁止插头的电动驱动装置；6—用于充电接口盖中控锁的电驱动装置；7—定向和状态照明；8—增程电机电子装置 REME；9—增程电机；10—便捷充电电子装置 KLE；11—车辆上的充电接口；12—电机电子装置 EME

项目 2　江淮汽车

5.2.1　充电桩功能及原理

简易充电桩具有以下基本功能：

① 过流保护。简易交流充电桩提供一路受控输出的交流充电接口，输出电流大于 20A 时，在规定的时间内充电桩能够自动切断交流输出。

② 安全防护。充电接口处设计舱门，待机时舱门闭锁，只有打开舱门时才可以正常充电。

③ 输出控制。当车辆充电接口或充电桩接口断开时，简易交流充电桩插座能够立即停止输出。

④ 漏电保护。当充电桩的漏电流大于 30mA 时，充电桩能够立刻切断交流输出。

⑤ 锁紧装置。简易交流充电桩插座与充电枪接口装有锁止机构，需要人工解锁后才能拔出充电枪，防止充电时误拔充电枪。

⑥ 警示标志。简易交流充电桩应在醒目的地方明确提供以下信息：导向标志、充电位置引导标志、安全警告标志与 JAC LOGO。

⑦ 反接提醒。充电桩火线与零线接反时，充电桩内部控制电路板上的反接指示灯亮，用于提醒用户接线错误。

⑧ 带载切换。在充电状态拔出插头，带负载可分合电路即时动作，切断对插座的供电。

⑨ 充电指示。充电桩在充电状态时，面板上的红色充电工作指示灯点亮，用于指示充电桩工作。

⑩ 信号检测。充电桩带有国标要求的 CC、CP 信号检测及 CP PWM 信号输出功能。

充电桩电路原理如图 5-6 所示。

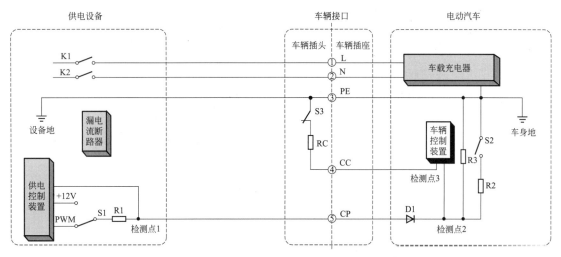

图 5-6　充电模式二连接方式 C 典型控制导引电路图

简易充电桩配套插头端子如图 5-7 所示,端子功能定义见表 5-1。

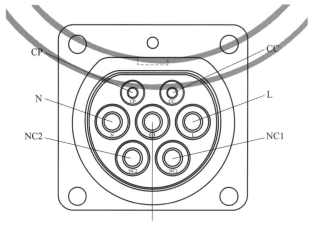

图 5-7　充电桩充电连接端口

表 5-1　充电插头端子定义

序号	名称	定义
1	L	交流电源 L(火线)
2	NC1	备用
3	NC2	备用
4	N	交流电源 N(中线)
5	充电桩接地	保护接地
6	CC	充电连接确认
7	CP	充电连接确认(充电桩输出 12V 或 6V PWM)

5.2.2　电路检测与故障判别

充电桩部件检测如图 5-8 所示,短接简易充电桩配套插头 CC 和 CP 接口,检测 N 和 L

(a) 短接CC和CP接口　　　(b) 检测N与L接口有没有220V输出

图 5-8　充电桩部件检测

接口有无 220V 电压输出，桩体指示灯是否亮起。

① 短接简易充电桩配套插头 CC 和 CP 接口后，如明显听到简易充电桩内继电器吸合，指示灯亮起，N 和 L 接口没有 220V 输出，即可拆桩检测内部空气开关和外部供电。如都没有问题可以判定为桩体电路板故障。

② 短接简易充电桩配套插头 CC 和 CP 接口后，若简易充电桩内继电器不吸合，指示灯不亮，N 和 L 接口没有 220V 输出，即可拆桩检测内部空气开关和外部供电。如都没有问题可以判定为桩体继电器损坏，更换后再次检测排除电路板故障。

③ 针对江淮第 4 代和第 5 代纯电动汽车。短接简易充电桩配套插头 CC 和 CP 接口，若明显听到简易充电桩内继电器吸合，指示灯亮起，N 和 L 接口有 220V 输出，但是江淮第 4 代和第 5 代纯电动汽车仍然无法正常充电，可判定为电路板故障。

对于江淮第 4 代和第 5 代纯电动汽车简易充电桩电路板故障处理方式可分为两种。

① 更换全新电路板。更换后简易充电桩可用于正常充电。

② 简单处理电路板中破损元器件。处理后简易充电桩只可用于江淮 4 代和 5 代纯电动汽车正常充电，其他车辆无法正常充电。

简易充电桩电路板简易处理方式如下：拆除充电桩后保护盖，拆除电路板，用钳子移除 Q1 元器件。Q1 元器件在电路板的右上方，由三个焊点焊接而成，整体为长条状，详细见图 5-9 标注处。

图 5-9 电路板上 Q1 元器件位置

模块6 直流充电桩

项目1 概述

6.1.1 充电桩技术要求

直流充电俗称"快充",直流充电桩是固定安装在电动汽车外,与交流电网连接,可以为电动汽车动力电池提供直流电源的供电装置,其户外安装使用效果如图6-1所示。直流充

图6-1 落地式户外直流充电桩安装效果图

电桩的输入电压采用三相四线 380V AC(±15%)，频率 50Hz(±5%)，输出为可调直流电，直接为电动汽车的动力电池充电。由于直流充电桩采用三相四线制供电，可以提供足够的功率，输出的电压和电流调整范围大，可以实现快充的要求。

直流充电桩技术要求如下：

① 充电桩电源输入电压为三相四线 380V AC(±15%)，频率 50Hz(±5%)；

② 充电桩应满足充电对象充电需求；

③ 充电桩输出为直流电，输出电压满足充电对象的电池制式要求；

④ 最大输出电流满足充电对象的电池制式 1C 的充电要求，并向下兼容；

⑤ 充电方式分为常规和快速 2 种，常规为 5h 充电方式，快速为 1h 充电方式（针对不同电池类型选择）；

⑥ 实现智能 IC 管理；

⑦ 每个充电桩自带操作器，以供用户进行充电方式选择和操作指导，并显示电动汽车电池状态和用户 IC 卡资费信息，实现无人管理；

⑧ 充电桩接口应符合 GB/T 20234.3—2015《电动汽车传导充电用连接装置 第 3 部分：直流充电接口》的相关规定；

⑨ 充电桩通信接口采用 CAN 通信接口，通信协议按照 GB/T 27930—2015《电动汽车非车载传导式充电机与电池管理系统之间的通信协议》的规定执行（充电对象为锂电池电动汽车）；

⑩ 充电桩对充电过程中的非正常状态应具备相应的报警和保护功能；

⑪ 充电桩对电池的状态要监控，根据电池的温度、电压对充电曲线、充电电流、充电电压自动调整；

⑫ 充电桩采用强制风冷；

⑬ 充电桩防护等级符合 GB 4208—2017《外壳防护等级（IP 代码）》IP54 要求。

6.1.2 充电桩类型与特点

① 按安装地点充电桩可分为户外充电桩和室内充电桩 2 种。户外充电桩以直流充电（快充）为主，室内充电桩则以交流充电（慢充）为主。安装在户外的充电桩防护等级不应低于 IP54。安装在室内的充电桩防护等级不应低于 IP32。

② 按照服务对象，充电桩可分为公共充电桩、专用充电桩及家用充电桩 3 种。公共充电桩是建设在公共停车场（库）结合停车泊位，为社会车辆提供公共充电服务的充电桩。专用充电桩是建设在单位（企业）或居民小区自有停车场（库），为单位（企业）内部工作人员或居民使用的充电桩。家用充电桩是建设在个人自有车位（库），为家庭用户提供充电的充电桩。充电桩一般结合停车场（库）的停车位建设。以上三类充电桩中，前两者多为直流或交直流混合式充电桩，后者则以交直流混合或交流式充电桩为主。

③ 按安装方式充电桩可分为落地式充电桩、壁挂式充电桩 2 种。落地式充电桩适合安装在不靠近墙体的停车位。壁挂式充电桩适合安装在靠近墙体的停车位。直流充电桩多采用落地安装的形式。

④ 按充电接口数充电桩可分为一桩单口和一桩多口 2 种，如图 6-2 所示。目前市场上充电桩以一桩一口为主，在公交停车场这样的大型停车场中，需要多口充电桩，可以同时支持

多台电动车充电,不但加快充电效率,也节省了人工。

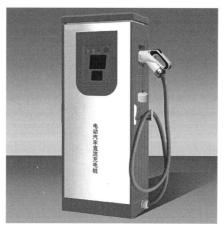

图 6-2　一桩单口与一桩双口充电桩

项目 2　充电桩构造原理

6.2.1　充电站(桩)简介

直流电充电站是固定安装式充电站的另一种形式,其安装形式如图 6-3 所示。与交流电充电站不同,在直流电充电站内已将交流电压转化为直流电压。因此在电动车上无需通过供电电子装置将交流电压转化为直流电压。

由于直流电充电站内的供电电子装置重量较轻,可在此安装足够大的变压器和整流器来使用全部网络功率,因此直流充电站通常可提供远远高于交流交电站的充电功率,通过直流充电站可更加迅速地为动力电池充电。

6.2.2　构造与工作原理

常见的直流充电桩由以下部件组成:充电模块,主控制器,绝缘检测模块,智能电表,刷卡模块,通信模块,空气开关,主继电器,辅助开关电源。内部部件分布如图 6-4 所示。

直流充电桩的输入电压采用三相四线 380V AC(±15%),频率 50Hz,输出可调的直流电,直接为电动汽车的动力电池充电。

直流充电桩采用三相四线制供电,可以提供足够大的功率,输出的电压和电流调整范围大(适用于新能源轿车和电动客车的电压需求),可以实现快充。直流充电桩与交流充电桩的计量和通信及扩展计费功能类似,其电气结构图如图 6-5 所示。

图 6-3　直流充电站外观

直流充电桩工作时,三相 380V 交流电经过 EMC 等防雷滤波模块后进入到三相四线电

模块 6 直流充电桩

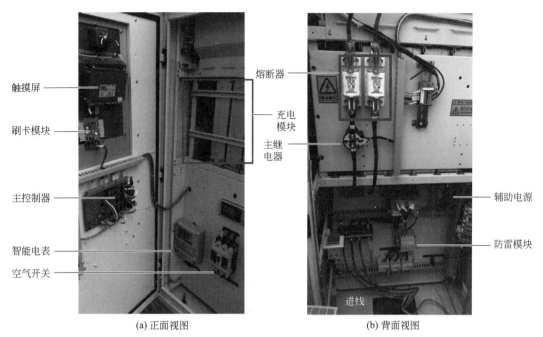

(a) 正面视图 　　　(b) 背面视图

图 6-4 直流充电桩内部结构

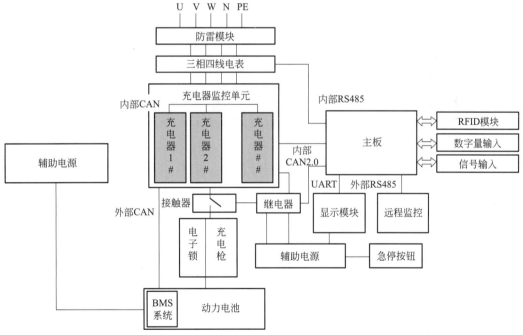

图 6-5 直流充电桩电气结构

表中，三相四线电表监控整个充电器工作时的实际充电电量。且根据实际充电电流及充电电压的大小，充电器往往需要并联使用，因此就要求充电器拥有能够均流输出的功能，充电器输出的电流经过充电枪直接给动力电池进行充电。

在直流充电桩工作时，辅助电源给主控单元、显示模块、保护控制单元、信号采集单元及刷卡模块等控制系统进行供电。另外，在动力电池充电过程中，辅助电源给 BMS 系统供电，由 BMS 系统实时监控动力电池的状态。充电桩电路原理框图如图 6-6 所示。

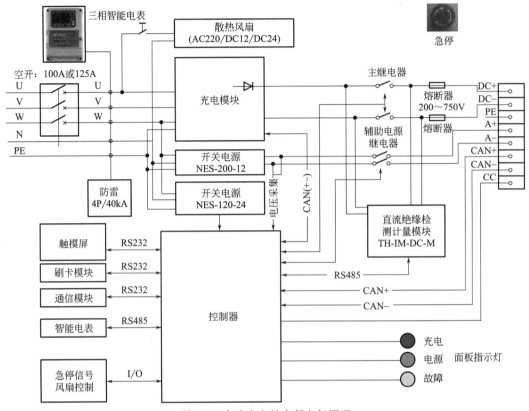

图 6-6　直流充电桩内部电气原理

模块 7
充电系统温度管理

项目 1 奥迪汽车

7.1.1 温度管理系统部件

以奥迪 e-tron 为例，图 7-1 展示了车上制冷剂循环管路、加热循环管路、动力电池和电驱动系统冷却循环管路。

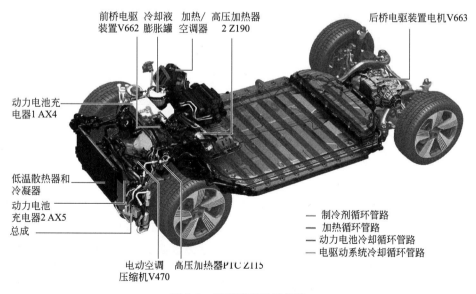

图 7-1 温度管理系统管路

冷却液切换阀通过切换不同的工作位置，就可以对加热循环管路、动力电池冷却循环管路和电驱动系统冷却循环管路进行组合或者分离。水泵（冷却液泵）负责让冷却液在加热循环管路、动力电池冷却循环管路和电驱动系统冷却循环管路中流动起来。图 7-2 展示的是部件在车上的安装位置。

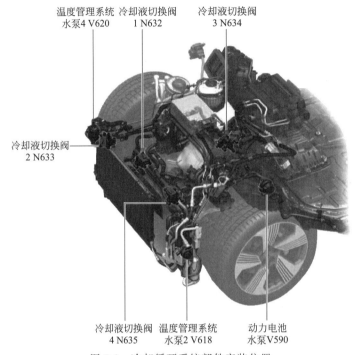

图 7-2　冷却循环系统部件安装位置

7.1.2　直流充电温度管理

如图 7-3 所示的应用情形涉及的是直流充电过程。制冷剂在空调压缩机中被压缩、在冷凝器中冷却下来并被送往动力电池热交换器 E。制冷剂通过制冷剂膨胀阀卸压，这种强冷就可以吸收充电时动力电池冷却循环管路中的余热，余热被制冷剂带走，电驱动系统的冷却循环管路是被动冷却的，与此无关。部件温度在超过约 35℃时，就会对动力电池实施冷却了。对车内的冷却目前是优先于蓄电池冷却的。

如图 7-4 所示（图注同图 7-3）的应用情形涉及的也是直流充电过程。动力电池的冷却循环管路与电驱动系统的冷却循环管路彼此相连。冷却液吸收动力电池的预热后流经电驱动装置电机和相应的电驱动装置控制单元并流向低温散热器，冷却液在低温散热器中把吸收的热量释放到大气中。

如图 7-5 所示（图注同图 7-3），在用直流电进行充电的过程中，高压加热器在需要时会对冷却液进行加热。冷却液在流经加热/空调器后流向冷却液切换阀 2 N633，该阀将冷却液导向动力电池，于是热起来的冷却液就把热量传给动力电池了。

冷却液流经动力电池后会在循环管路中再循环。另外，电驱动系统的循环管路内总是保持着一个最小冷却液流量，在温度低于 −10℃时就会对动力电池进行加热了。

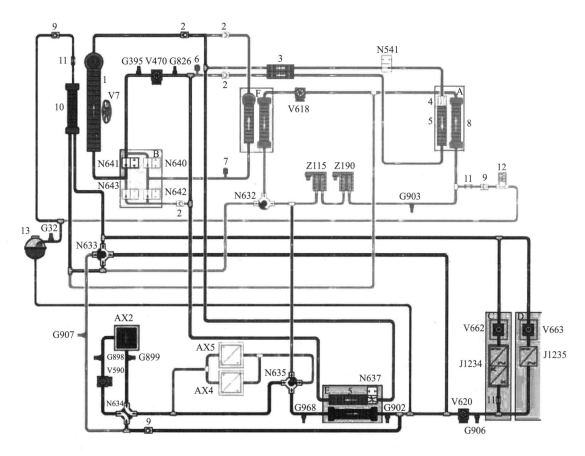

图 7-3 在 DC 充电时通过制冷剂对动力电池进行冷却

1—冷凝器；2—制冷剂循环管路上的止回阀；3—内部热交换器；4—热膨胀阀；5—蒸发器；6—低压侧保养接口；7—高压侧保养接口；8—加热热交换器；9—止回阀；10—低温散热器；11—节流阀；12—节温器；13—冷却液膨胀罐 2（用于高压系统）；A—加热/空调器；B—阀体；C—前桥；D—后桥；E—动力电池热交换器（制冷剂）；F—热泵工作模式的热交换器（连同冷凝器 iCond）；AX2—动力电池 1；AX4—动力电池充电器 1；AX5—动力电池充电器 2；G32—冷却液不足传感器；G395—制冷剂压力和制冷剂温度传感器 1；G826—制冷剂压力和制冷剂温度传感器 2；G898—动力电池冷却液温度传感器 1；G899—动力电池冷却液温度传感器 2；G902—温度管理系统冷却液温度传感器 1；G903—温度管理系统冷却液温度传感器 2；G906—温度管理系统冷却液温度传感器 5；G907—温度管理系统冷却液温度传感器 6；G968—温度管理系统冷却液温度传感器 8；N541—加热/空调器制冷剂截止阀；N632—冷却液切换阀 1；N633—冷却液切换阀 2；N634—冷却液切换阀 3；N635—冷却液切换阀 4；N637—制冷剂膨胀阀 2；N640—制冷剂截止阀 2；N641—制冷剂截止阀 3；N642—制冷剂截止阀 4；N643—制冷剂截止阀 5；J1234—前桥电驱动装置控制单元；J1235—后桥电驱动装置控制单元；V7—散热器风扇；V470—空调压缩机；V590—动力电池冷却泵；V618—温度管理系统冷却液泵 2；V620—温度管理系统冷却液泵 4；V662—前桥电驱动装置电机；V663—后桥电驱动装置电机；Z115—高压加热器（PTC）；Z190—高压加热器 2（PTC2）

7.1.3 交流充电温度管理

如图 7-6 所示的应用情形涉及的是交流充电过程。动力电池的冷却循环管路与电驱动系统的冷却循环管路彼此相连。用交流电充电时，充电器会热起来，产生的热量通过动力电池充电器 1 和 2（AX4 和 AX5）被动力电池冷却循环管路吸收。

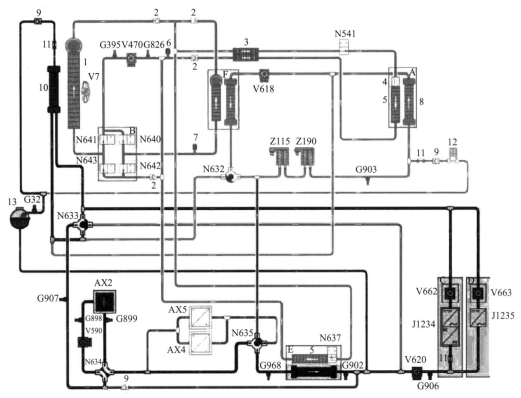

图 7-4 在 DC 充电时通过低温散热器对动力电池进行冷却

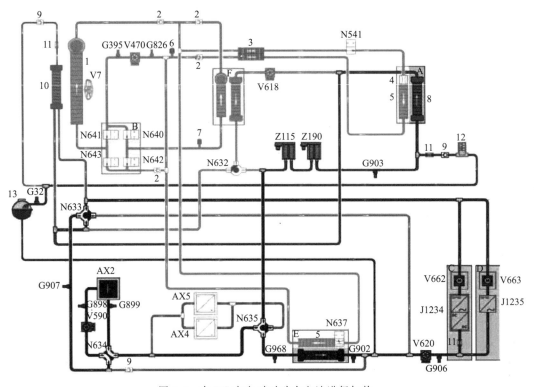

图 7-5 在 DC 充电时对动力电池进行加热

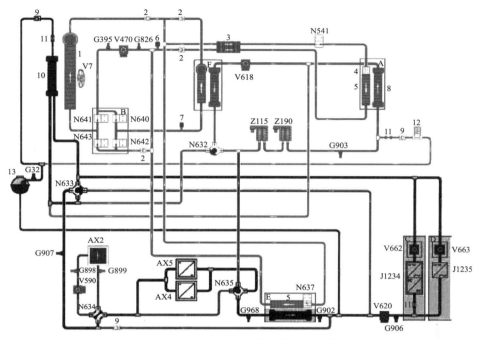

图 7-6 在 AC 充电时通过低温散热器对充电器进行冷却

冷却液经电驱动装置电机和相应的电驱动装置控制单元并流向低温散热器,在低温散热器中把充电时所吸收的热量释放到大气中,循环管路就关闭了。

项目 2 宝马汽车

7.2.1 高压冷却系统概览

以增程型宝马 i3 为例,车辆前部的冷却模块由冷却液散热器、电风扇以及选装主动式冷却风门构成,如图 7-7 所示。为了降低空气阻力和车辆耗油量,车辆可在 BMW i 肾形格

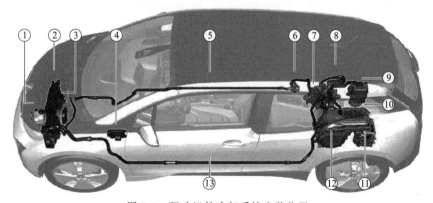

图 7-7 驱动组件冷却系统安装位置

1—驱动组件冷却液循环回路内的补液罐;2—冷却液散热器;3—用于冷却液散热器的电风扇;4—数字式发动机电气电子系统;5—供给管路;6—电动冷却液泵(80W);7—增程电机;8—内燃机冷却液循环回路内的补液罐;9—增程电机电子装置 REME;10—电机电子装置 EME;11—便捷充电电子装置 KLE;12—电机;13—回流管路

栅后选装主动式风门控制装置。该装置由 EDME 根据运行状态关闭或打开。在美规车型上不提供主动式风门控制装置。

如图 7-8 所示，待冷却的组件接入冷却液循环回路内，以便保持组件所要求的最高温度水平。电机电子装置所要求的温度比电机低，因此选择按该顺序串联。由于电驱动装置和便捷充电电子装置不同时运行，因此选择了并联。增程电机和增程电机电子装置首先串联连

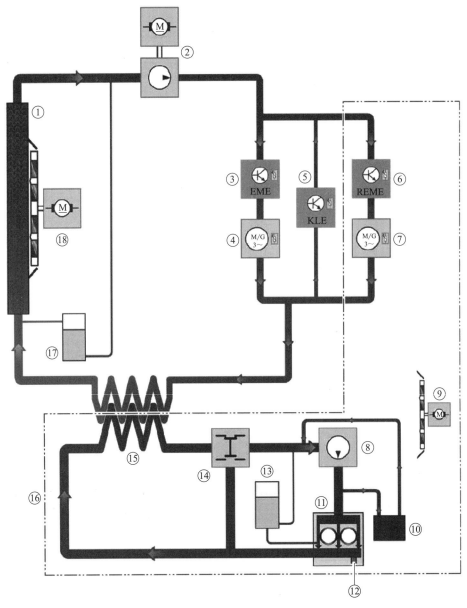

图 7-8 高压冷却系统概览（宝马 i3）

1—冷却液散热器；2—电动冷却液泵（80W）；3—电机电子装置 EME；4—电机；5—便捷充电电子装置 KLE；6—增程电机电子装置 REME；7—增程电机；8—机械冷却液泵；9—用于增程器冷却总成（冷却液制冷剂热交换器）的附加电风扇；10—发动机油冷却液热交换器；11—增程器（W20 发动机）；12—冷却液温度传感器；13—内燃机冷却液循环回路内的补液罐；14—节温器；15—用于增程器的冷却液制冷剂热交换器；16—该区域仅限于带有增程器时；17—驱动组件冷却液循环回路内的补液罐；18—用于冷却液散热器的电风扇

接，由于这两个组件与便捷充电电子装置和电机电子装置不同时运行，因此与其并联连接。此外冷却系统也无需针对所有热功率之和进行设计，因为实际上只需在一个或两个并联支路中排出热量。在装有增程器的车辆上，冷却液循环回路内带有用于冷却 W20 发动机的冷却液制冷剂热交换器。

7.2.2 高压充电冷却系统功能

驱动组件冷却液循环回路内的冷却液通过一个电动冷却液泵（80W）进行泵送，经过五个驱动组件，必要时还经过冷却液热交换器。如果行驶风不足以冷却冷却液散热器内的冷却液，还会通过 EDME 接通电风扇，电风扇功率为 400W。冷却系统输入/输出信号如图 7-9 所示。

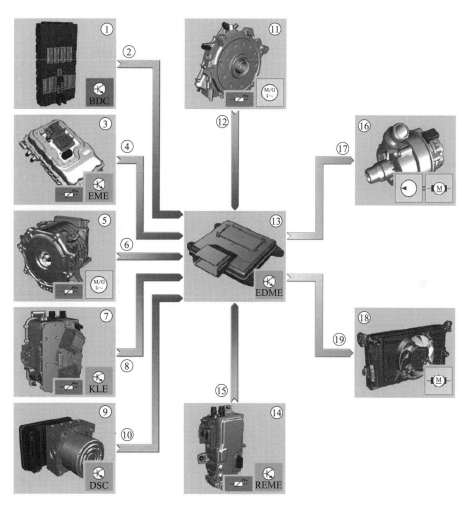

图 7-9 驱动组件冷却系统输入/输出

1—车身域控制器 BDC；2—总线端状态信号；3—电机电子装置内的温度传感器；4—电机电子装置内供电电子装置的温度信号；5—电机内的温度传感器；6—电机内的温度信号；7—便捷充电电子装置内的温度传感器；8—便捷充电电子装置内的温度信号；9—动态稳定控制系统；10—车速；11—增程电机内的温度传感器；12—增程电机内的温度信号；13—数字式发动机电气电子系统；14—增程电机电子装置内的温度传感器；15—增程电机电子装置内的温度信号；16—电动冷却液泵；17—电动冷却液泵功率要求；18—电风扇；19—电风扇转速要求

与传统车辆常用冷却系统不同,冷却液温度不作为控制功能输入参数使用。因此 i3 电驱动装置冷却系统内没有冷却液温度传感器,而是根据所列输入参数和当前冷却需求控制电动冷却液泵和电风扇。冷却液最高温度约为 85℃(电机回流管路),与 BMW 内燃机冷却系统相比,温度水平也较低。增程器冷却循环回路具有较高温度,可通过冷却液热交换器降低增程器冷却循环回路内的冷却液温度。

冷却系统用于控制的有以下输入信号:电机组件温度,电机电子装置组件温度,便捷充电电子装置组件温度,增程电机电子装置组件温度,增程电机组件温度,电驱动装置内或便捷充电电子装置内当前转换的功率,车速。

动力电池充电期间,电机电子装置和便捷充电电子装置内的供电电子装置工作。由于电机电子装置和便捷充电电子装置内转换的电功率较大,因此也会产生热量,必须借助在此所述的冷却液循环回路排出热量。充电期间电机电子装置和便捷充电电子装置内温度相对较高时,也会接通电动冷却液泵和电风扇。

模块8
充电装置的维修

项目1 部件保养与维护

8.1.1 充电操作规范

交流充电拔枪操作方法如下:
- 拔枪前,先执行解锁操作,通过钥匙或车上的微动开关来解锁。
- 解锁操作完成后,按下充电枪按钮后缓慢拔枪。

注意:按钮按下后方可拔枪,按钮按下时拔枪过快可能导致卡枪现象。
- 若拔不出枪,禁止强制拔枪,应试着再次执行整车解锁操作后再拔枪。
- 若操作3次"解锁-拔枪"操作后仍无法拔出充电枪,则使用充电接口配备的应急解锁按钮来解锁拔枪。

说明:某些充电枪在车辆未解锁条件下因枪上按钮按不到位,无法断开cc信号导致电锁状态无法转换成开锁状态而拔不了枪,需要车辆解锁后才能拔枪。正常情况下车辆解锁后,充电枪都可以拔出。

正常情况下交流充电接口中电锁状态都为闭锁状态,若因故障导致检测到开锁状态则限制16A充电,仪表会有温馨提示"交流枪电子锁未闭锁,限功率充电中"。充电枪与电锁状态如表8-1所示。

表 8-1 充电枪与电锁状态

充电桩类型	整车状态			电锁状态	车辆不解锁条件下充电枪是否可以拔出
	充电接口防盗	车门状态	充电状态		
3.3kW/7kW	启用	关	充电中或充电结束	闭锁状态	不可以
	启用	开	充电中	闭锁状态	不可以
	启用	开	充电结束	开锁状态	可以
	停用	开/关	充电中	闭锁状态	可以
	停用	开/关	充电结束	开锁状态	可以

8.1.2 充电接口保养方法

充电接口作为传导充电方式一定存在磨损老化问题，需要加入保养范围，具体保养项目及步骤如下。

① 车辆熄火（退电至 OFF 挡），整车解锁，打开充电接口盖及充电接口盖。

② 检查充电接口塑料绝缘壳体外观有无热熔变形，严重热熔变形影响正常使用的需要更换处理。

③ 检查充电接口内部以及端子内部有无异物，若有异物使用镊子等工具将其取出，无法取出且影响正常使用的需更换处理。

④ 检查充电接口端子簧片及底部有无变黑，变黑的需要更换处理。

⑤ 检查充电接口端子簧片及底部有无变黄，如变黄请拆开车身护板检查充电接口尾部电缆是否被烧黑及变形（需辅助照明仔细观察），如变黄且伴随尾部电缆外层变黑则需更换处理。

⑥ 检查端子簧片有无断裂问题，断裂的需要更换处理。

充电接口保养状态与更换标准如表 8-2 所示。

表 8-2 充电接口外观及端子状态需更换判定标准

状态	图示	状态	图示
正常状态一	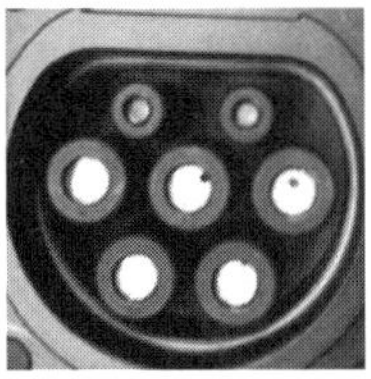	端子变黑需更换	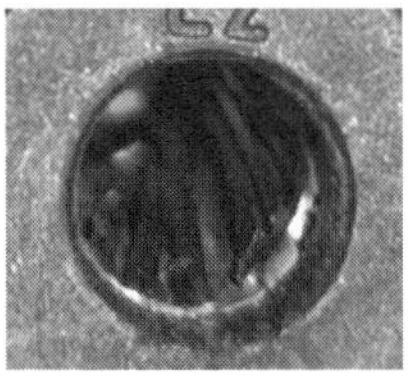
正常状态二		端子簧片及底部变黄且尾部电缆外层变黑需更换	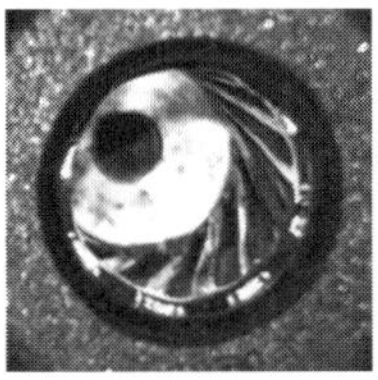 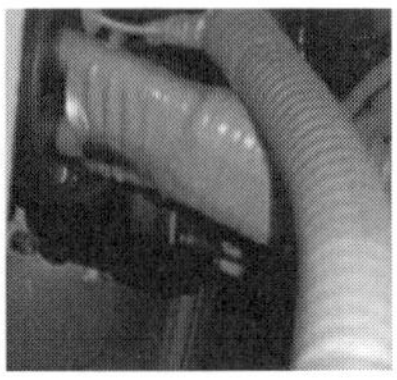

续表

状态	图示	状态	图示
端子长簧片附着异物需清理	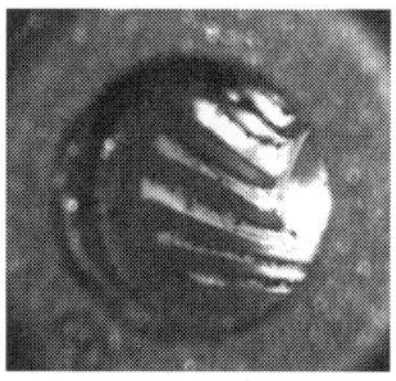	端子簧片前端断裂需要换	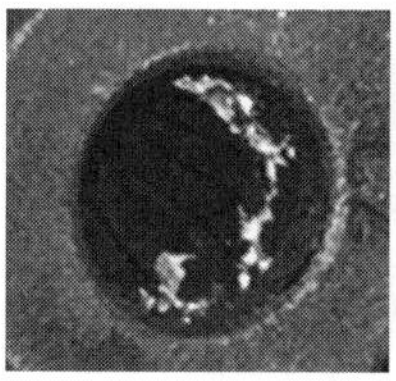 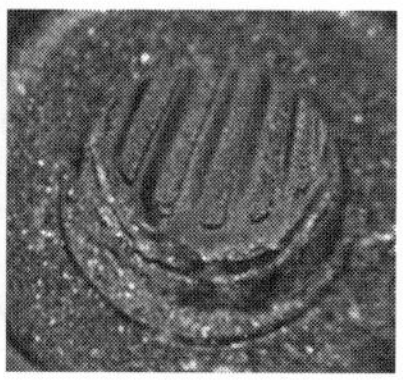

项目 2　部件拆卸与安装

8.2.1　壁挂式充电盒安装方法

以与比亚迪 e6 配套的壁挂式充电盒为例，该充电盒部件布置如图 8-1 所示。

急停开关：紧急情况下，按下急停开关，即可断开充电盒输入电源，使充电盒停止工作，恢复需顺时针旋转开关至开关弹出。

触摸显示屏：进行功能操作和显示的界面，用户在此观察充电盒的实时状态和提示，从而对充电盒进行操作。

刷卡感应区：用户刷卡感应区域，根据屏幕提示在此处刷卡。

LED 指示灯：显示 5 种状态，包括电源、连接、充电、完成和故障。

充电枪：充电盒和电动汽车充电连接的装置。

充电枪轻触开关：用于确认充电枪是否与电动汽车可靠连接（国标枪才有此规格）。

图 8-1　壁挂式充电盒部件分布

控制箱：充电盒进线输入连接装置，内置充电盒断路器。

电源输入端：连接电源。

（1）安装要求

安装场所必须满足以下条件：

① 安装位置必须随时可接近；

② 充电盒不应安装在有剧烈振动和易燃易爆的场所；

③ 充电盒不应安装在地势低洼和可能积水的场所；

④ 安装位置要求通风良好；

⑤ 安装位置保证观测指示灯方便；

⑥ 安装环境要求清洁。

安装环境要求如表 8-3 所示。

表 8-3 安装环境要求

项目	参数
安装位置	室内/外
防护等级	IP55
工作温度范围	−25～+40℃
相对空气湿度	20%～90%
大气压力	80～110kPa
空气流通量	7000m³/h
冷却方式	自然冷却
最大海拔高度	≤2000m
墙面平整度	≤0.25%
墙面倾斜度	≤5°
充电盒垂直倾斜度	≤5°
充电盒底部距离地面高度	≥110cm(控制箱距离地面≥30cm)
充电盒两侧最小安装距离	≥50cm

最低工作空间要求如下（见图 8-2）：

a. 为方便维护工作，建议充电盒本体和地面之间的安装距离为 110cm 以上，两侧的最小安装距离为 50cm。

b. 当安装充电盒时，必须注意保持固定对象和充电盒的适当间隙。请一定要保证最窄通道宽度、撤离路线和维持最佳通风效果的最小间隙。

c. 充电盒安装位置要便于查看面板显示部位，一旦出现特殊情况，安装位置要便于人员离开。

电缆安装要求：

① 输入端电压为三相的充电盒，输入电源采用三相五线制 U 相（黄色 L1）、V 相（绿色 L2）、W 相（红色 L3）、N（蓝色）、PE（黄绿）或采用符合当地标准的电源线。

② 在安装充电盒时，应提供独立的输电回路，不可与其他用电产品共用。

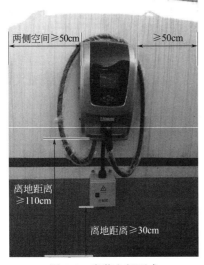

图 8-2 安装空间要求

③ 安装时需要由专业人员外接漏电断路器，漏电断路器参数要求：--EVA040(020)K 充电盒选用 100A/4P/300mA 漏电断路器。

④ 充电盒输入电缆导体结构应为铜绞线，EVA040(020/015/007)K 安装时需准备管型绝缘端子 E16-12。

⑤ 为了满足防护等级要求，充电盒输入电缆应选择 type EVE 或 type EVT 型号，EVA040(020)K 电缆为 16mm²×5，电缆外径为 30～40mm。

⑥ 采用单芯的铜绞线电缆，电缆应穿管，EVA040(020/015/007)K 管外径要求为 32～38mm。

(2) 壁挂式充电盒安装步骤

① 检查充电盒附件是否齐全。

② 使用 4 个 M8×50 膨胀螺栓固定安装支架，如图 8-3。

③ 将充电盒挂在固定好的安装支架上。

④ 如图 8-4 所示，使用两个 M6×15 的螺钉将充电盒与安装支架固定起来。

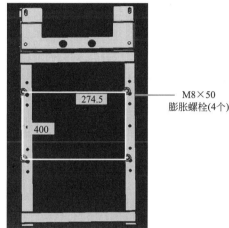

图 8-3　固定安装支架

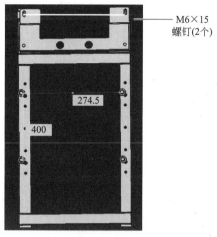

图 8-4　固定充电盒到安装支架

⑤ 如图 8-5 所示，使用 4 个 M8×50 膨胀螺栓固定控制箱。

⑥ 如图 8-6 所示使用 $\phi6$ 的膨胀胶塞以及 M4×20 的自攻螺钉将弹簧平衡器固定。

图 8-5　固定控制箱

图 8-6　固定弹簧平衡器

⑦ 将弹簧平衡器挂钩挂在线缆固定夹（图 8-7）两压片之间的螺钉上，将充电枪电缆吊置起来。

⑧ 完成安装后的壁挂式充电盒如图 8-8 所示。

室外充电盒建议选配遮雨亭或加装遮雨防护雨棚，效果如图 8-9、图 8-10 所示。

⑨ 电缆接线方法（见图 8-11）：将充电盒上配带的电缆连接至控制箱内部断路器上，相应的相线需连接正确。所选充电盒为三相电源输入时，将电网 U 相（L1）/V 相（L2）/W 相（L3）/N 相线束连接至控制箱的断路器上，PE（黄绿）直接连接在控制箱内部接地端子上。

图 8-7 线缆固定夹

图 8-8 安装效果图

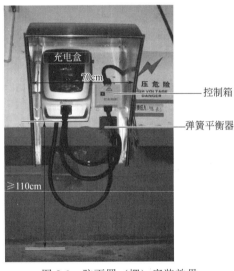

图 8-9 防雨罩（棚）安装效果

图 8-10 遮雨亭安装效果

⑩ 检查安装连接，必须检查现场的所有电气连接，确保连接正确、牢固。

a. 相序连接正确；

b. 电缆线径符合要求；

c. 确保管型端子压紧、牢靠；

d. 确保连接处力矩符合要求；

e. 检查漏电断路器的进线方向是否正确。

8.2.2 充电盒拆解与部件更换

充电盒维修是根据触摸屏的显示，判断故障，然后进行维修的。故障的维修需要打开充电盒的外壳，下面是打开外壳的步骤。

以比亚迪 E6 车型配置的充电盒为例，其外观形态如图 8-12 所示。

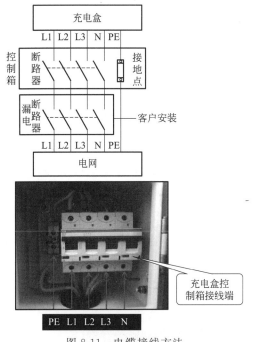

图 8-11 电缆接线方法

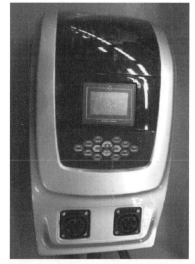

图 8-12 充电盒外观图

① 撬开黑色的尼龙铆钉如图 8-13 所示，两侧共 6 个尼龙铆钉，去掉铆钉后轻轻取下外壳。

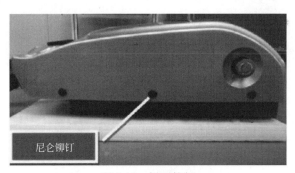

图 8-13 拆下铆钉

② 去掉外壳后，如图 8-14 所示，用十字螺丝刀拆掉周围的螺钉，一共 21 个自攻螺钉，用内六角扳手拆掉固定充电枪座的 8 个内六角螺钉，拆掉螺钉后取下充电枪座，上盖就可以打开。

③ 上盖打开后可以看到全部器件，如图 8-15、图 8-16 所示。

④ 更换充电枪的操作方法和步骤如图 8-17～图 8-19 所示。充电枪拆掉后，换上新枪，按 a-b-c-d-h-g-e-f 的顺序安装充电枪。注意步骤 d 的螺钉拧紧力矩为 6～6.5Nm，拧紧顺序与拆卸时保持一致。

⑤ 更换开关电源，如图 8-20 所示，换好开关电源，按电线标志与开关电源对应接好线。

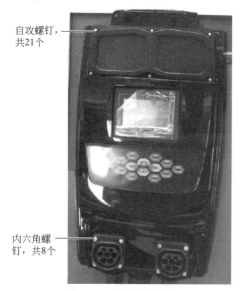

图 8-14 拆下紧固螺钉

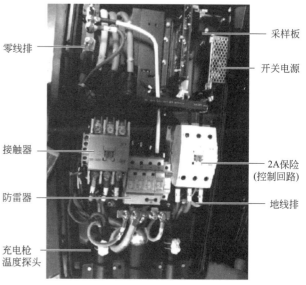

图 8-15 部件分布（背面）

图 8-16 部件分布（正面）

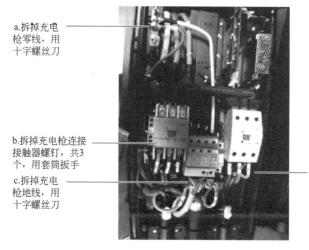

图 8-17 更换充电枪步骤 a 至 d

图 8-18　更换充电枪步骤 e 至 f

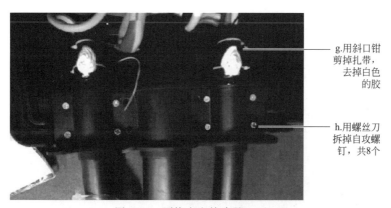

图 8-19　更换充电枪步骤 g 至 h

图 8-20　更换开关电源

⑥ 更换接触器，如图 8-21 所示，断路器拆掉后，按 c-b-a 的顺序装上新接触器，步骤 a 螺钉的拧紧力矩为 6～6.5Nm。

⑦ 更换保险丝，如图 8-22 所示。

⑧ 更换防雷器，如图 8-23。换掉防雷器后，按拆装前的位置、相序接线。

图 8-21 更换接触器

图 8-22 更换熔丝

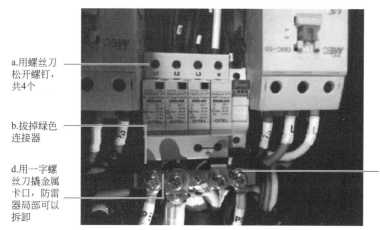

图 8-23 更换防雷器

⑨ 更换采样板，如图 8-24 所示。

⑩ 更换控制板、指示灯板，如图 8-25 所示，注意连接器不要插错，根据线长确定连接

图 8-24 更换采样板

器的位置。

图 8-25 更换控制板与指示灯板

⑪ 更换触摸屏，如图 8-26 所示。更换触摸屏先要拆掉控制板，指示灯板不用拆。在换好触摸屏后，将绿色的连接器线标对应触摸屏接口标志插好连接器。

图 8-26 更换触摸屏

8.2.3 充电桩充电模块连接器更换

① 首先如图 8-27 所示断开充电桩输入电源，避免柜内带电操作。

② 把充电桩右侧面散热挡板的 11 颗螺钉拆开，卸下右侧面散热挡板，如图 8-28 所示。

③ 拆下散热风扇的 3 颗固定螺钉，如图 8-29 所示。

④ 用手压住连接器两端，拔起充电模块的输入/输出/通信连接器，如图 8-30 所示。

⑤ 用小一字螺丝刀插入连接器，拔出线头，并记录好连接器的方向和线束所接脚位，如图 8-31 所示。

⑥ 更换上新的连接器，如图 8-32 所示。

图 8-27 断开输入电源

图 8-28 拆下侧面挡板

图 8-29 拆下散热风扇固定螺钉

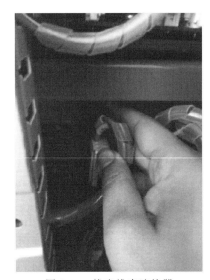

图 8-30 拔出线束连接器

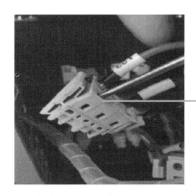

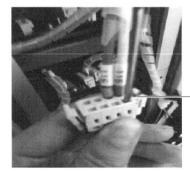

图 8-31 拔出线头

⑦ 连接器更换完成后,检查线束有没有接反接错,若没有,把连接器插回相应位置。
⑧ 按照以上相反步骤把充电桩安装好。
⑨ 充电桩安装好后,给充电桩上电,使充电桩可对电动汽车正常充电,并且电动汽车上显示屏显示正常充电电流为 26~27A,如图 8-33 所示。
⑩ 充电模块连接器更换完成。

8.2.4 充电桩部件更换操作步骤

以比亚迪 e6 配置的 C10 充电桩为例,充电桩内各主要部件安装位置如图 8-34 所示。

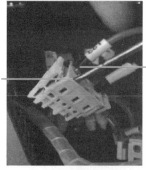

图 8-32 更换新的连接器　　　　图 8-33 检查充电功能是否正常

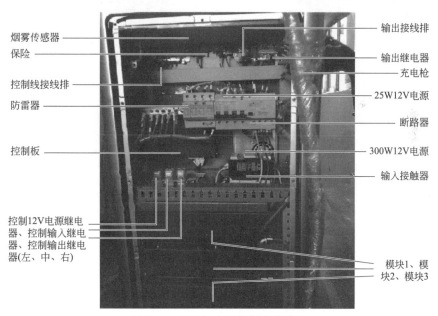

图 8-34 充电柜主要部件安装位置

（1）更换烟雾传感器

① 首先断开充电桩输入电源，避免柜内带电操作。

② 把充电桩后盖的 11 颗螺钉拆开卸下后盖。

③ 把充电桩挡板的 4 颗螺钉拆开卸下挡板，如图 8-35 所示。

④ 烟雾传感器安装位置（如图 8-36 所示）较为隐蔽，在更换拆卸时用右手五指紧握烟

(a) 断开电源　　　　　　　(b) 拆卸后盖　　　　　　　(c) 拆卸挡板

图 8-35　拆卸后盖和挡板

雾传感器，然后用力往顺时针方向旋扭即可拆除。

(2) 更换保险管

更换输出保险时，先用 10mm 套筒扳手拆卸保险两端的连接线后即可更换，安装时，拧紧连接线两端的固定螺钉力矩为 8Nm，保险安装位置如图 8-37 所示。

 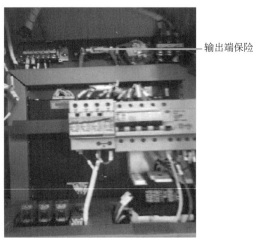

图 8-36　烟雾传感器安装位置　　　　　图 8-37　输出端保险安装位置

(3) 更换防雷器

① 用十字螺丝刀拆除相线连接处连接线、接地处接地线，位置如图 8-38 所示。

② 用手直接拔掉绿色连接器。

③ 将一字螺丝刀刀柄塞进金属卡扣，用力往下撬即可拆出防雷器。

④ 在更换恢复器件时，连接线处拧紧螺钉力矩为 8Nm。

(4) 更换左下侧继电器（位置如图 8-39 所示）

① 用手先把继电器表面的金属固定环往后方用力拔出。

② 金属环解开后，用大拇指和食指掐住继电器用力上拔。

③ 在更换插好继电器后，恢复继电器表面的金属环。

(5) 更换输出继电器

① 拆除白色供电输入线，共 2 条（24#线）。

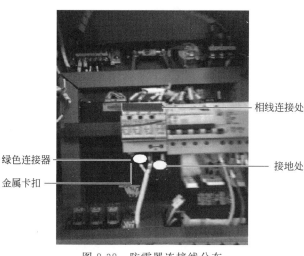

图 8-38 防雷器连接线分布

图 8-39 继电器安装位置

② 用十字螺丝刀将继电器表面的连接线拆除，如图 8-40 所示。

③ 用十字螺丝刀将固定继电器螺钉拆除即可。

（6）更换充电枪

① 用十字螺丝刀拆除输出 3P 接线端子 1 脚（DC＋）、2 脚（DC－）、3 脚（PE）。

② 用十字螺丝刀拆除输出 6P 接线端子 1 脚（A＋）、2 脚（A－）、3 脚（S＋）、4 脚（S－）、5 脚（CC1）、6 脚（CC2），连接器安装位置见图 8-41。

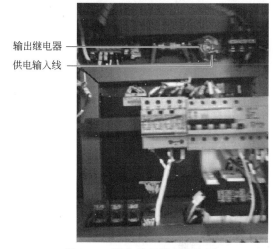

图 8-40 输出继电器安装位置

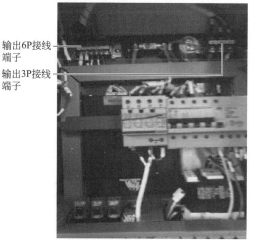

图 8-41 线路输出端位置

③ 用手或大活动扳手将固定螺纹套松开，然后拔出充电枪电缆，如图 8-42 所示。

④ 更换一把新的充电枪。

⑤ 把充电枪线束穿入充电桩，套上固定电缆螺母，把固定电缆螺纹套拧紧，如图 8-43 所示。

⑥ 把充电枪分别对应充电桩输出 3P 接线端子 1 脚（DC＋）、2 脚（DC－）、3 脚（PE）

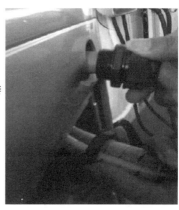

图 8-42 松开固定螺纹套

(a) 穿过线束　　　　　　(b) 套上螺母　　　　　　(c) 拧紧

图 8-43 更换新件

的 3 颗螺钉拧紧，力矩要求 8Nm。

⑦ 把充电枪分别对应充电桩 6P 接线端子 1 脚（A＋）、2 脚（A－）、3 脚（S＋）、4 脚（S－）、5 脚（CC1）、6 脚（CC2）的 6 颗螺钉拧紧，力矩要求 8Nm，线路连接如图 8-44 所示。

图 8-44 连接 3P 与 6P 线路

(7) 更换 35W12V 电源

① 拆掉防雷器。

② 用十字螺丝刀拆掉相线连接处 (2)，顺序为 U、V、W、N（从左向右排列），再拆掉相线连接处 (3)，线标排列从左向右顺序为 101、102、103、104，拆装部件位置见图 8-45。

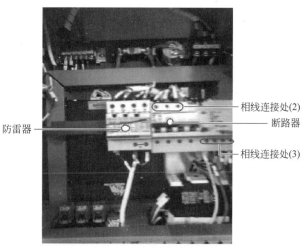

图 8-45　拆卸相线连接

③ 用十字螺丝刀拆下固定断路器导轨第一个螺钉，然后用力把断路器往导轨的左边推移，再拆除固定导轨的第二个螺钉，拆下导轨与断路器整体后，向左边取出断路器。

④ 安装时与以上拆卸顺序相反，拧紧螺钉力矩为 8Nm。

(8) 更换输入接触器

① 用十字螺丝刀将接触器左边的 5 条连接线拆除，对应线标为 1/L1—109、3/L2—110、5/L3—111，底座线标为 215、214，如图 8-46 所示。

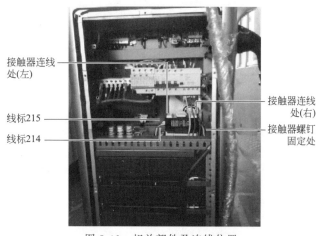

图 8-46　相关部件及连线位置

② 用十字螺丝刀将接触器连线处右边的三条线拆除，对应线标为 2/T1—112、4/T2—113、6/T3—114。

③ 用十字螺丝刀将固定接触器的螺钉拆除即可，更换接线时安装连线螺钉力矩要求

为 8Nm。

(9) 更换模块

① 拆除充电枪。

② 把充电桩两侧面散热挡板的 22 颗螺钉拆开，卸下两侧面散热挡板，如图 8-47 所示。

图 8-47　拆卸散热挡板

③ 拆下放置充电枪的充电接口 4 颗内六角螺钉和 3 颗十字螺钉，拆下充电接口，如图 8-48 所示。

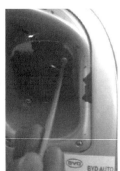

图 8-48　拆卸充电接口

④ 按一下急停开关基座，拆下急停开关基座，旋开急停开关固定螺母，拆下急停开关，如图 8-49 所示。

图 8-49　拆下急停开关

⑤ 用螺丝刀把工作指示灯的三根连接线拆下（315—X0、316—X1、317—X2），如图 8-50 所示旋开工作指示灯固定螺母，拆下工作指示灯。

图 8-50　拆下工作指示灯

⑥ 用小一字螺丝刀把启动停止开关的铁扣撬开，拆下开关的基座，如图 8-51 所示，旋开开关固定螺母，拆下开关。

图 8-51　拆下启动停止开关

⑦ 拆下充电桩外壳，拆下散热风扇的 4 颗固定螺钉，如图 8-52 所示。

图 8-52　拆下散热风扇固定螺钉

⑧ 把需更换的电源模块三个连接器拔下来，如图 8-53 所示。

图 8-53 拔下电源模块连接器

⑨ 拆开两个固定电源模块的螺钉,拆开接地线螺母。

⑩ 取出需更换的电源模块,做好标记,如图 8-54 所示。

图 8-54 拆开接地线并取出电源模块

⑪ 安装新模块时,按照与拆卸相反步骤安装即可。

⑫ 电动车正常充电电流为 26~27A。

(10) 更换 25W12V 电源

① 拆除充电桩外壳。

② 用十字螺丝刀拆除电源连接线,如图 8-55 所示,对应线标分别为 L—209,N—206,

图 8-55 电源连接线位置

地—211—12GND，NC、V3 为空，+12V—216，COM—248—228，+5V 为空。

③ 用十字螺丝刀拆出固定电源螺钉。

④ 拆出后，更换新的电源。

（11）更换电源模块

① 拆除充电桩外壳。

② 拆除电源连接线如图 8-56 所示，具体对应线标为，L—205、205，N—210、210，地—248，地与-V3 脚 12VGND1（24♯线）连接，-V2 脚—12VGND，-V1 脚—12VGND1，+V1 脚—+12V1，+V2 脚—288，+V3 脚为空（电源的接线顺序为拆下电源后从电源标识的正方向看）。

③ 拆除固定电源的螺钉，在更换新电源时，先把电源的连接线接好，确认无误后，再固定电源。

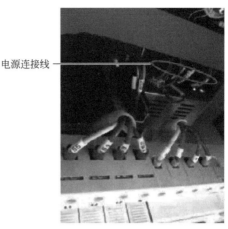

图 8-56 电源连接线位置

项目 3 系统电路检测

8.3.1 充电接口端子检测

测量交流充电接口端子（图 8-57）L、N 分别对 PE 的绝缘阻值，要求绝缘阻值大于 20MΩ。测量直流充电接口（图 8-58）DC-、DC+ 分别对 PE 的绝缘阻值，要求绝缘阻值大于 20MΩ。

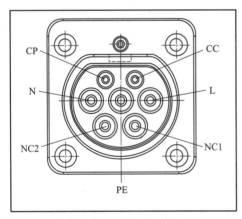

图 8-57 交流充电接口端子分布

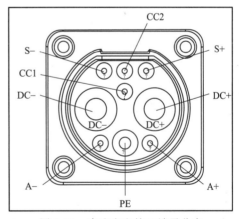

图 8-58 直流充电接口端子分布

注意：测量绝缘阻值，请选用 500V 及以上量程兆欧表测量。

8.3.2 车载充电器的检测

8.3.2.1 绝缘电阻与通信信号的测量

测量前断开车载充电器高压连接器，测量参考值如表 8-4 所示。

表 8-4 绝缘电阻参考值

+（正极端）		－（负极端）	是否＞20MΩ（500V 测量）
车载充电器			
连接器	端子		
CH1	A 或 B	地	是
CH2	1 或 2		是

测量车载充电器 CAN 通信信号如下所述。
① 连接车载充电器高压连接器，断开车载充电器低压连接器。
② 连接交流充电插头。
③ 测量车载充电器 CAN-H 与 CAN-L 之间的电压，测量参考值如表 8-5 所示。

表 8-5 测量电压参考值

+（正极端）		－（负极端）		电压
车载充电器		车载充电器		
连接器	端子	连接器	端子	
CH3	8	CH3	7	0.3V 左右

8.3.2.2 江铃 E200/E200S 充电检测方法

充电正常的必要条件：

① 国标交流充电座上的 CC（充电连接确认线）及 CP（充电控制线）分别与 BMS（电池管理系统）上的 CC 及 CP 线连接上。

② 充电器上的 CAN-H、CAN-L 线分别与 BMS 主控模块的 CAN-H、CAN-L 线连接导通。

③ BMS 主控模块输出 12V 电压源给充电继电器。

④ 充电继电器吸合。

正常充电过程检测：

① 把充电枪与车上充电座连接好。

② 仪表上充电器工作指示灯、连接指示灯亮起。

③ 充电继电器吸合，开始充电，仪表上显示充电电流－12A。

正常充电的前提：充电连接指示灯，充电器工作指示灯必须常亮，见图 8-59。

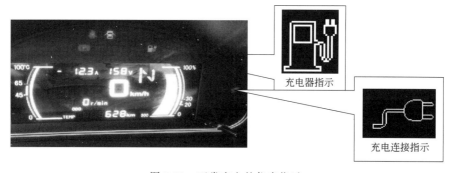

图 8-59 正常充电的仪表指示

当把充电枪与充电座连接好后，仪表屏幕亮灯，充电连接符号显示，同时充电器工作指示灯亮起。若充电器工作指示灯亮起，充电连接符号灯不亮或一直闪烁，则应检查 CC 线是否连接好，如图 8-60 所示。

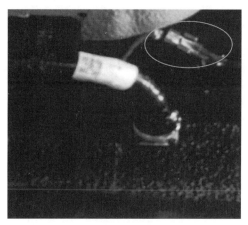

图 8-60　检查 CC 线束是否正常连接

项目 4　常见故障排除

8.4.1　车载充电器电路检测与故障排除

对于充配电总成而言，其失效多表现为不能充电、上电或功率受限等，其原因不外乎为控制信号输入异常或元器件本身故障。这种故障失效一般都会有相关的故障码报出来，我们均可以通过相关故障码以及数据流分析较快地锁定故障。

（1）车辆无法进行交流充电故障排除

以比亚迪 e1、e2 车型为例，车辆无法进行交流充电，故障码为 P157016（交流侧电压低）。

可能原因：充电桩无电流输入，交流充电保险烧蚀，OBC 内部故障。

可按以下步骤排查：

① 读取插枪后的充配电数据流。

② 发现交流侧电压 5V（异常），正常应为电网电压（220V 左右）。

③ 测量交流侧输入电压实际值是 229V，确认充电桩正常输入电流，排除电网及充电桩原因，确认为充配电三合一 OBC 故障，更换充配电三合一故障解决。

交流侧电压测量方法一：

① 断开蓄电池负极。

② 拔掉充配电交流充电连接器，短接互锁。

③ 安装好蓄电池负极，插枪充电。

④ 如图 8-61 所示用万用表测量交流侧输入电压值，注意检测高压系统时必须佩戴绝缘手套。

交流侧电压测量方法二：

① 拆卸充配电上盖（允许拆盖维修的前提下）。

图 8-61 测量交流侧输入电压值

② 如图 8-62 所示用万用表测量交流侧输入电压值（插枪充电状态），注意检测高压系统时必须佩戴绝缘手套。

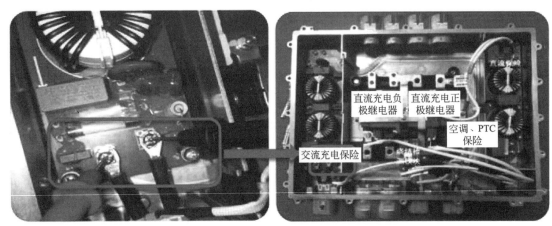

图 8-62 测量交流侧输入电压值

（2）OBC 故障排除

OBC 常见故障有插枪充电跳枪，无法交流充电，故障码 P157C00（硬件保护）。

故障触发条件：进行交流充电时，交流侧电压过高或过低，交流侧电流过高。

排查步骤：

① 读取插枪后的充配电数据流，发现交流侧电压 320V，高于正常电网电压，如图 8-63 所示。

② 若测量交流侧电压 233V 如图 8-64 所示，可以确定为充配电交流侧电压采样异常，更换 OBC 处理。

③ 若实测交流侧电压和数据流大致一样，请检查电网电压。

8.4.2 壁挂式充电盒故障解析

壁挂式充电盒故障分析与维修方法如表 8-6 所示。

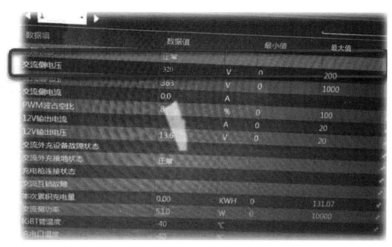

图 8-63 充配电数据流

图 8-64 测量交流侧电压

表 8-6 壁挂式充电盒故障分析与维修方法

故障现象	故障分析	维修方法
防雷器告警	防雷器采样线路异常	检查接线并更正
	防雷器损坏	检查防雷器标识窗口,为红色则需更换防雷器
内部过温保护	温度过高保护	等待温度降低,再充电
	充电盒内温度采样线路异常	检查充电盒内温度采样线路并更正
超时,重新插充电枪	插枪后超过 10min 未刷卡	重新插拔充电枪,并刷卡
PWM 切换故障	控制板损坏	更换控制板
车辆充电禁止	异常拔枪	重新插拔充电枪
	通信故障	检查充电盒与电动汽车之间的通信
主接触器未吸合	接触器线圈供电异常	检查接触器线圈供电回路接线并更正
	接触器损坏	更换接触器
充电枪 1 过温保护	温度过高保护	等待温度降低,再充电
	充电枪 1 温度采样线路异常	检查充电枪 1 温度采样线路并更正

续表

故障现象	故障分析	维修方法
充电枪2过温保护	温度过高保护	等待温度降低,再充电
	充电枪2温度采样线路异常	检查充电枪2温度采样线路并更正
接地故障	接地线断线	检查接线并更正
无效卡	卡无效	更换有效卡后重试
电流过高保护	电动车负载过高	重新插拔充电枪充电
请插充电枪	充电枪未插好	重新插入充电枪
	通信故障	检查充电盒与电动汽车之间的通信

8.4.3 壁挂式充电盒故障排除

用壁挂式充电盒无法充电时,按照表8-7思路排除故障。

表8-7 充电盒无法充电故障排除思路

故障现象	检测与排除	检修图例
通电后,电源指示灯不亮,车辆不能充电	测量接线舱电压后,电压范围在220V±22V,检修口内断路器为通电状态(未跳闸),且急停未被按下,若充电盒指示灯还是不亮,更换充电盒	拧开检修口,确认断路器是否跳闸,如跳闸请合闸即可
电源指示灯亮,插入充电枪,车辆不能进入充电状态,充电指示灯没有闪烁	测量充电枪CC对PE之间电阻值,CP对PE之间电压值。CC与PE之间阻值为680Ω(±3%)(车载充电器功率为3kW)220Ω(±3%)(车载充电器功率为7kW);CP与PE之间电压为12V±0.8V。上述两项,任何一项有问题更换充电盒。正常但还是不能进入充电状态,请检查车辆端	

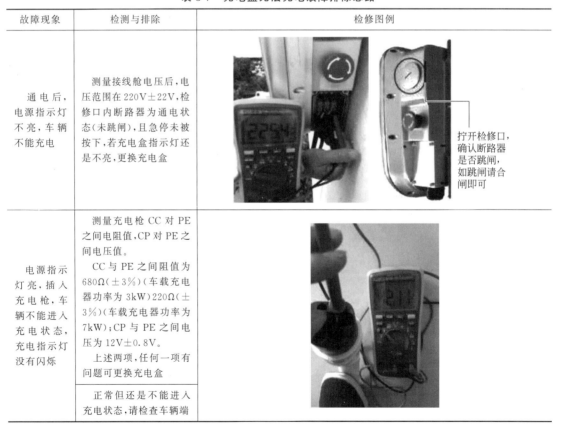

以比亚迪秦3.3kW充电盒为例,充电盒指示灯状态如表8-8所示。

表8-8 充电盒指示灯状态

序号	品牌LOGO灯	充电灯	故障灯	备注
1	常亮	常亮	—	待机

续表

序号	品牌LOGO灯	充电灯	故障灯	备注
2	常亮	1s闪烁一次	—	正在充电
3	常亮	亮2s灭2s	—	充满
4	常亮	—	1s闪烁一次	过温保护
5	常亮	—	3s闪烁一次	过流故障
6	常亮	—	5s闪烁一次	CP短路
7	常亮	—	常亮	CP异常故障

充电盒故障现象及解决方法见表8-9。

表8-9 充电盒故障现象及解决方法

序号	故障现象	可能原因	解决方法
1	充电灯不亮、LOGO灯不亮	急停开关未开启	顺时针旋转开启急停开关
		充电盒内部断路器未开启	打开右侧检修盖,开启充电盒内部断路器
		外部输入电源未供电	测量输入电源是否有供给220V AC电压
		控制板异常	更换控制板
		指示灯板异常	更换指示灯板
2	连接充电枪后,充电指示灯不闪烁或不亮	充电枪未连接好	重新插拔充电枪
		充电枪异常	测量充电枪CC对地电阻680Ω(±3%),按下充电枪按钮后阻值无限大;测量充电枪CP对地电压,正常(12±1)V DC
		控制板异常	更换控制板
		指示灯板异常	更换指示灯板
		车辆故障	检查电动汽车或更换车辆充电测试
3	故障指示灯长亮	充电枪异常	测量充电枪CC对地电阻680Ω(±3%),按下充电枪按钮后阻值无限大;测量充电枪CP对地电压,正常(12±1)V DC
		控制板异常	更换控制板
		车辆故障	检查电动汽车或更换车辆充电测试
4	故障指示灯1s间隔闪烁1次	温度过高保护	等待温度降低,再充电
		控制板异常	更换控制板
5	故障指示灯3s间隔闪烁1次	充电盒输出过流保护	断电重启充电盒或重新插拔充电枪
		控制板异常	更换控制板
		车辆故障	检查电动汽车或更换车辆充电测试
6	故障指示灯5s间隔闪烁1次	充电枪异常	测量充电枪CP对地电压,正常(12±1)V DC
		控制板异常	更换控制板
		车辆故障	检查电动汽车或更换车辆充电测试
7	故障灯常亮	控制板异常	更换控制板

8.4.4 充电桩故障排除

以比亚迪 e6 配置的 C10 充电桩为例,常见故障的快速排查指引如表 8-10 所示。

表 8-10 充电桩常见故障排查指引

故障现象	排查指引
烟雾告警	检查烟雾报警器是否损坏[检查供电 12V(1、2 脚)是否正常,3、4 脚是否导通]
	检查烟雾报警器 3 脚至控制板 40PIN 连接器 17 脚(IN2)线束
	检查控制板
电涌告警	检查防雷器是否损坏(测量防雷器 11、12 脚是否导通)
	检查防雷器 11 脚至控制板 40PIN 连接器 33 脚(IN6)线束
	检查控制板
过温故障	检查柜内温度是否高于 65℃,测量充电桩的三个温度传感器(常温 10kΩ 左右,温度越高阻值越小,温度越低阻值越大,当阻值小于 100Ω 时会报过温故障)
	检查温度传感器至控制板 40PIN 连接器 22、23、24 脚(AD8—320、AD1—321、AD9—322)线束,温度传感器至控制板 40PIN 连接器 5、8、25 脚 365、366、367 线束
	检查控制板
辅助电源启动故障	检查 KA1 是否工作,未工作请检查测量 KA1 的 A1、A2 是否有+12V,没有+12V 则检查至控制板 40PIN 连接器 12 脚(256)线束
	检查 KA1-2(355—356 触点是否导通),355 至控制板 40PIN 连接器 16 脚(IN3)线束
	检查控制板
输入接触器未吸合	检查 KA3 是否工作,未工作请检查测量 KA3 的 A1、A2 是否有+12V,没有+12V 则检查至控制板 40PIN 连接器 13 脚(258)线束
	检查 KA3-2(359-360 触点是否导通),359 至控制板 40PIN 连接器 15 脚(IN5)线束
	检查控制板
输出接触器未吸合	检查 KA2 是否工作,未工作请检查测量 KA2 的 A1、A2 是否有+12V,没有+12V 则检查至控制板 40PIN 连接器 32 脚(257)线束
	检查 KA3-2(359—360 触点是否导通),359 至控制板 40PIN 连接器 15 脚(IN5)线束
	检查控制板
绿灯常亮但车上没有电流显示	检查车上是否预约充电
	检查车上充电保险是否烧坏
	车上有无反馈电池电压至充电模块(检查充电桩输出保险是否烧坏,充电枪充电接口正极负极是否有断线)
	三个充电模块是否全部损坏
可以充电,但充电电流偏小	电网电压是否有缺相
	有充电模块损坏(可用钳表测量 U/V/W 三相电流,若哪一相没有电流,相对应的充电模块损坏,U 相对应 1#模块,V 相对应 2#模块,W 相对应 3#模块;或者测量充电模块的输入/输出是否有电压,若都有电压但是充电模块无输出,说明模块是坏的)

项目 5　系统故障诊断

8.5.1　充电桩电路检测与故障诊断

以比亚迪 e6 配置的 C10 充电桩为例，充电桩绿灯闪烁，表明充电桩已进入交互完成状态，等待电动汽车反馈电压，若充电桩接收到电动汽车反馈电压输出电流，此时，指示灯才会变成常绿。

请按以下步骤检查（柜内高压危险，应按高压作业注意事项规范操作）：

① 打开充电桩后盖，给电动汽车充电，首先用万用表直流电压挡检查测量充电桩的输出 3P 接线端子 1 脚（DC＋）、2 脚（DC－）的电压，电压应为汽车电池电压 320V 左右（如图 8-65）。若无电压，充电桩断电，请检查充电枪正负极是否断线。

图 8-65　测量电池电压

② 用万用表电阻挡测量充电枪正极（A＋）与充电桩的输出 3P 接线端子 1 脚（DC＋）之间的电阻，测量充电枪负极（A－）与充电桩的输出 3P 接线端子 2 脚（DC－）之间的电阻，如图 8-66 所示。

图 8-66　测量充电枪连接端子

图 8-67 测量电阻显示值

③ 若两次测量的电阻均为 0Ω，如图 8-67 所示，说明充电枪是好的，此时应检查电动汽车。电动汽车可能故障原因：电动汽车充电回路接触器未吸合，电动汽车充电回路熔断器损坏。

④ 若测量充电桩的输出 3P 接线端子 1 脚（DC＋）、2 脚（DC－）间电压为汽车电池电压 320V 左右，再用黑表笔连充电桩的输出 3P 接线端子 2 脚（DC－），红表笔分别连输出继电器的两端，查看万用表是否均显示 320V 左右的电压，如图 8-68 所示。若一端有电压，另一端无电压，说明输出继电器未吸合，请检查输出继电器是否损坏。

⑤ 若用黑表笔连充电桩的输出 3P 接线端子 2 脚（DC－），红表笔分别连输出继电器的两端均显示 320V 左右的电压，再用红表笔分别连熔断器管的两端查看是否均显示 320V 左右的电压，如图 8-69 所示。若熔断器管一端有电压，另一端无电压，请检查熔断器管是否损坏。

图 8-68 测量继电器输出电压

图 8-69 测量熔断器管两端电压

⑥ 断电，用万用表电阻挡测量熔断器管的两端电阻值，检查其是否正常，如图 8-70 所示。

图 8-70　测量熔断器管

⑦ 若用黑表笔连充电桩的输出 3P 接线端子 2 脚（DC−），红表笔分别连熔断器管的两端均有 320V 左右电压显示，说明熔断器管后端的器件均是好的。断电，检查充电桩的三个充电模块，把充电桩右侧散热挡板拆开、散热风扇挡板拆开，如图 8-71 所示。

图 8-71　拆除挡板

⑧ 把充电模块输入连接器（4P）、输出连接器（3P）拔下，上电给电动汽车充电，用万用表交流电压挡测量充电模块输入连接器（4P）的 1、2 脚的电压是否在 220V AC 左右，如图 8-72

图 8-72　测量交流输入电压

所示。

⑨ 用万用表直流电压挡测量充电模块输出连接器（3P）的1、3脚的电压是否在320V DC左右，如图8-73所示。

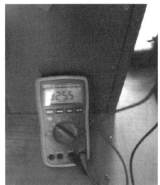

图8-73　测量直流输出电压

⑩ 查看充电模块内部的指示灯是否亮，如图8-74所示。若以上均正常，说明充电模块已损坏，更换充电模块。

图8-74　查看充电指示灯是否点亮

充电桩通信超时故障诊断步骤。

① 检查充电枪CAN线（S+/S-）：正常阻值应为120Ω左右（若不正常请检查充电枪至控制板线束S+/S-）。

② 检查充电枪与充电口是否连接良好，插上枪后从柜内测量S+/S-阻值应该为60Ω左右。

③ 检查+12V（A+/A-）是否已经供电给车上：测量充电桩左上角连接器A+/A-电压，正常12~14V。若没有电压，请检查充电枪至KA1触点是否连接好，KA1是否工作，320W开关电源输入输出电压是否正常，开关电涌指示灯是否亮。充电枪端子分布如图8-75所示，桩里连接器对应连线如图8-76所示。

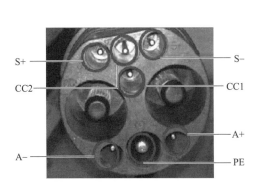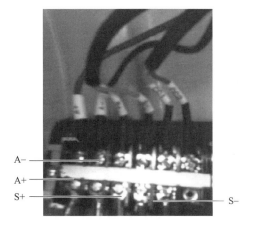

图8-75　充电枪端子功能　　　　图8-76　充电桩里连接器对应信号端子

充电枪未连接故障诊断步骤。

① 检查充电枪是否插到位/开关是否弹起。

② 测量充电枪 CC1 对地阻值：正常应该为 500Ω 左右，按下充电枪上充电开关为 1kΩ 左右，若不正常请检查充电枪或控制板/或 CC1 至控制板 40PIN 连接器 21 脚（AD0）线束。

③ 检查充电枪与车上充电口 CC1 是否连接良好。

8.5.2 充电桩故障提示及其指示灯状态

比亚迪新能源 7kW 充电桩急停开关按下之后不会再熄灭所有指示灯，而是会有相应的状态提示，提示灯调整后对应如表 8-11 所示。

表 8-11 指示灯状态与提示含义

状态		指示灯	
		充电灯（绿）	故障灯（红）
正常状态提示	待机状态（正常）	常亮	灭
	充电状态（正常）	1s 闪烁 3 次	灭
	充满状态（正常）	2s 闪烁 1 次	灭
故障提示	过温保护	常亮	1s 闪烁 1 次
	过流保护	常亮	3s 闪烁 1 次
	CP 异常/CP 继电器故障	常亮	5s 闪烁 1 次
	急停按钮断开①②	交替 1s 闪烁	
	未充电状态,未接地线提示③	常亮	1s 闪烁 3 次
	充电中状态,未接地线提示③	同时闪烁 3 次,周期 1s	
	充电完成,未接地线提示③	同时闪烁 1 次,周期 2s	

① 当故障灯指示状态提示急停按钮被断开状态，重新旋转急停按钮即可恢复正常。
② 老版充电盒急停开关控制火线，新版控制的是 CP 信号。
③ 故障灯指示状态为未接地线提示状态，重新接好地线即可。

项目 6　典型维修案例

8.6.1 充电接口故障维修

 比亚迪唐充电接口总成维修

充电接口总成结构如图 8-77 所示，为可分件更换外板的充电接口总成。

（1）常见故障现象

① 充电接口外板损坏、充电接口外板与钣金干涉；

② 充电接口总成开启困难；

③ 充电接口总成开启不了。

（2）故障排查方法

① 充电接口外板损坏、充电接口外板与钣金干涉的处理方法是更换充电接口外板。用

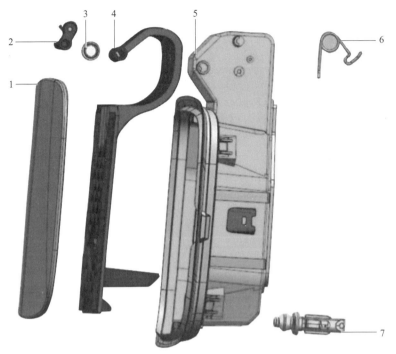

图 8-77 充电接口总成结构

1—充电接口外板；2—充电接口转轴；3—充电接口端盖；4—充电接口连接板；5—充电接口底座；6—扭簧；7—阻尼器

大拇指按压在连接板上，其余手指托住外板，拇指用力往前推，可将外板取下来，如图 8-78 所示；更换新充电接口外板时，将连接板上的限位机构与外板限位对准，往里推即可。

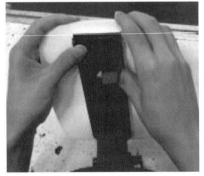

图 8-78 外板拆装

② 若充电接口总成开启困难，则打开充电接口盖检查接口盖外板底座如图 8-79 所示的位置是否有限位结构凸台，如有则可能会导致开启困难。维修方法为先用剪钳将标记的限位结构剪去，然后用介刀削平即可。

③ 若出现充电接口总成开启不了的现象，常见是阻尼器故障。处理方法为，确认退电后，检查充电接口盖执行器锁舌是否能正常缩回。如不能则排查执行器和相关电路；如正常则排查阻尼器。阻尼器装配后，靠图 8-80 中标记的结构限位，两侧均有限位结构，图示只显示一侧，检查阻尼器安装是否正确，是否有变形。将充电接口总成外板拆除，以免妨碍接

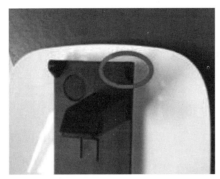 

图 8-79 限位结构凸台位置

下来的动作；用手指将阻尼器上的限位结构往里挤压，同时用另一只手将阻尼器往竖直方向拔，如图 8-80 所示；限位结构完全挤压进底座阻尼器槽后，用力将阻尼器拔出，然后换上新的阻尼器，即可正常使用。

图 8-80 阻尼器结构及拆装

④ 若以上方法均无法解决充电接口故障问题，则可更换充电接口总成。

⑤ 以上为可分件更换外板的充电接口总成常见故障处理方案，如车辆原车为不可拆卸外板充电接口总成（如图 8-81 所示），则整套更换为可分件的充电接口总成。

(a) 不可拆卸总成　　　　　　　(b) 可分件的总成

图 8-81 不同类型总成外观

案例二　比亚迪唐 DM 车型偶发性不充电

（1）故障现象

一辆唐 DM 出现偶发性中断充电现象，2 分钟左右再重新连接后继续充电。

（2）维修过程

① 用诊断仪读取所有模块均为最新版本，车载充电器故障码报 P157016，即车载充电器交流侧电压低（历史故障）。清除故障码后插上充电枪进行充电，故障码再次出现，询问客户后得知车辆每次断电基本都是在充了 20% 左右出现。

② 读取故障码报交流侧电压低（当前故障），读取车载充电器数据流发现交流侧电压为 0V，观察充电口并无烧蚀磨损等现象，用万用表测量充电口高压线束与车载充电器输入端导通性正常，调试车载充电器故障依旧。

③ 在故障发生时观察壁挂充电盒电源指示灯闪烁，故障指示灯是熄灭状态，推测是由壁挂充电盒故障导致，测量 CC-PE 电压和阻值为 12V 和 220Ω（7kW 壁挂充电盒为 220Ω，3.3kW 壁挂充电盒为 680Ω）正常，倒换壁挂充电器故障依旧。

④ 在拔充电枪时发现充电枪枪头很热，怀疑充电口搭铁线出现问题，检查充电口在车上的搭铁线，发现搭铁线有轻微烧蚀现象，如图 8-82 所示，处理搭铁线后故障排除。

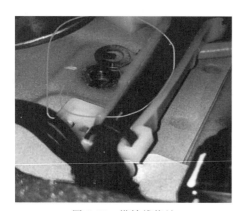

图 8-82　搭铁线烧蚀

图 8-83　充电枪受损

案例三　比亚迪唐 DM 车型充电中可行驶

（1）故障现象

唐 DM 充电枪未拔可行驶，致使用户开车时忘记拔充电枪把枪拔断，如图 8-83 所示。

（2）维修过程

① 正常充电枪插上以后上不了 OK 电，将车插枪充电测试，用 3.3kW 的壁挂式充电盒给车充电，发现充电功率只有 1.4kW，但是依然没法上 OK 电，如图 8-84 所示。

② 继续给车充电直至充满，满电跳枪后发现仪表黑屏，充电连接指示灯随之熄灭，这时上电直接可以上到 OK 电，仪表无任何提示，用 VDS 扫描整车无故障。因充电功率只有 1.4kW，考虑到应该是车载半功率应急充电，推测车载电源有问题，根据电路图检查车载常电 F8/10 号保险无异常，拔下车载低压插头测量 K43/H 针脚无电压，如图 8-85 所示。

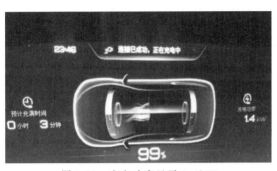

图 8-84 充电功率显示 1.4kW

图 8-85 测量 K43/H 针脚无电压

③ 由于车载常电电源经过 KJKa03 连接器,检查该连接器时发现针脚退针,处理后测试正常,即使满电状态下插上枪依然无法上 OK 电,故障排除。

经验总结:车载无常电会无法正常检查插枪信号,且会限制充电功率。

案例四 比亚迪 e6 出租车 40kW 充电桩无法充电

(1) 故障现象

用 40kW 充电桩进行交流充电时,有"啪"一声响,伴随烟雾产生,用直流可以充电,车辆可正常行驶。

(2) 维修过程

① 用 7kW 的充电桩能够充电,换另一台 40kW 充电桩仍不能充电。

② 用兆欧表测量 VTOG 充电线路 L1、L2、L3 三相电,两两之间的绝缘阻值和分别对地的绝缘阻值均大于 1MΩ,如图 8-86 所示。

③ 对充电线路 L1、L2、L3 三相线路做同样的测试,绝缘阻值正常。

④ 对充电口 L1、L2、L3 测试时,发现 L2、L3 之间的阻值为 0.05MΩ,如图 8-87 所示。该车曾为事故车辆,左后部位受损,充电口受到挤压开裂,车辆上电后导致间隙击穿。之所以用 7kW 的充电桩能够充电是因为只有 L 相电,不可能造成间隙击穿,更换充电口后故障排除。

图 8-86 测量绝缘阻值

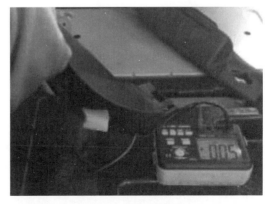

图 8-87 L2、L3 之间的阻值为 0.05MΩ

8.6.2　交流充电故障维修

 比亚迪元 EV360 7kW 充电桩充电异常

（1）故障现象

车辆用 7kW 充电桩充电时仪表显示"充电连接中，请稍后"，等待几分钟后仪表显示充电功率在 0.0kW 和 -0.4kW 左右来回跳动。但是使用 3kW 充电桩或者便携式 1.6kW 充电桩可以正常充电，充电功率也正常。

（2）维修过程

① 用 VDS 扫描车辆，没有发现有程序更新，读取 BMS、OBC 系统也没有故障码。给车辆连上 7kW 的充电桩充电，连接成功后仪表显示"充电连接中，请稍候"，说明充电连接确认正常。过了几分钟后仪表显示充电功率为 0.0kW，如图 8-88 所示，推测为充电控制 CP 信号异常。

② CP 信号是由占空比控制，插枪充电时观察 OBC 数据流，发现交流侧电压只有 5V 异常，PMW 占空比为 0，如图 8-89 所示，数据异常。

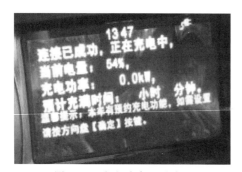

图 8-88　充电功率显示为 0

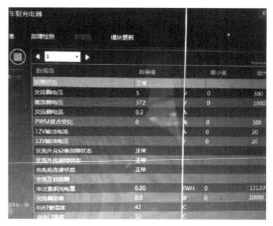

图 8-89　数据流显示

③ 检查充电口至充配电 CP 信号线线路导通正常，开盖实测插枪充电时充配电电压有 234V，如图 8-90 所示，熔断器也未熔断，判断为充配电总成故障。

④ 更换好充配电总成后，试插枪充电，发现车辆仪表一直显示"充电连接中，请稍后……"，仪表一直没有功率显示。

⑤ 重新测量 CP 信号线，发现插枪充电时对地电压只有 0.07V 异常，如图 8-91 所示。正常应该是有 2.5V 左右的电压。

⑥ 重新检查安装的连接器，发现充配电上的连接器有异物卡在插头位置，刚好是 CP 线连接到充配电的针脚，处理好后重新插枪充电，测量充电口 CP 信号线对地电压为 2.53V，恢复正常，如图 8-92 所示。

经验总结：充配电功率板中多个 PFC MOS 管或驱动板多个谐振电容中只损坏了一两个，或损坏程度轻微，将导致出现不能满功率充电情况，7kW 充电时会出现跳枪或无法充电的情况。

图 8-90　实测至充配电总成的输出电压

图 8-91　测量 CP 信号线对地电压为 0.07V

案例二　比亚迪元 EV 充电功率受限

(1) 故障现象

安装新的充电桩后，充电功率最快只有 4.6kW（如图 8-93 所示），随后功率一直降低至断开充电，报硬件保护故障。

图 8-92　调整后检测 CP 信号正常

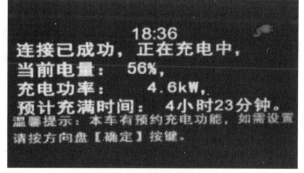

图 8-93　充电功率只有 4.6kW

(2) 维修过程

① 用 VDS 扫描，车辆出现故障码 P157C00（硬件保护），如图 8-94 所示。清除故障码后使用维修店其他充电设备进行充电功率正常，使用便携式充电功率也正常，排除车载充电器故障。

② 推测是由用户附近电网不稳等因素导致，在用户住处找其他同款车辆进行测试，同样的故障现象再现。测量充电桩电源输入端电压 159V（异常），再测量漏电开关前端电压 229V（正常），如图 8-95 所示，推测是因安装问题导致电压未传输过来。

③ 检查该充电桩相线（火线）、中性线（零线）及地线皆为红色线缆。于是怀疑线路装

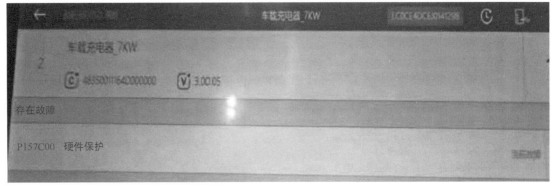

图 8-94 故障码提示

(a) 电源输入端电压　　　　　　　　(b) 漏电开关前端电压

图 8-95 充电桩电压测量

反。测量接线端子 PE 端与充电桩电源输入 N 端线缆导通（异常），测量接线端子 N 端与充电桩电源输入 PE 端线缆导通（异常），正常为不导通，判断是零线与地线装反了，如图 8-96 所示。将零线与地线对调后，电压恢复正常，充电功率正常。

④ 为规范用电安全，按相关标准及公司内部壁挂式充电盒安装要求，将线缆换成标准颜色线缆，故障排除。

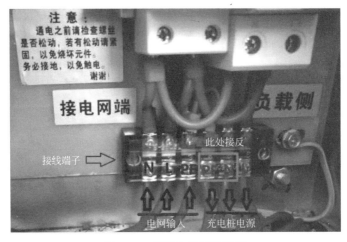

图 8-96 零线与地线被装反

案例三　比亚迪 e5 无法交流充电

（1）故障现象

一辆比亚迪 e5 无法交流充电，仪表一直显示充电连接中，可以上 OK 电正常行驶。

（2）维修过程

① 使用交流充电盒、单相壁挂式充电盒都一样，仪表一直显示充电连接中。

② 如果仪表显示充电连接中，则说明充电设备和整车还没有交互完成。

③ BMS 数据流中显示有充电感应信号-交流，如图 8-97 所示，说明 CC 信号正常。

图 8-97　BMS 数据流

④ VTOG 数据流中 CP 信号占空比一直是 0%，如图 8-98 所示，说明 CP 信号不正常。

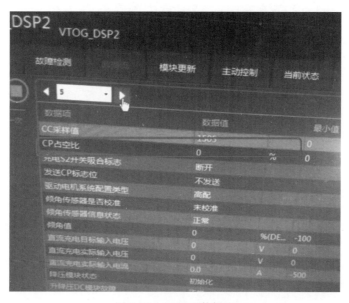

图 8-98　VTOG 数据流

测量交流充电口 CP 针脚至 VTOG 的 64PIN 连接器 CP 针脚的导通性，发现不导通，仔细检查发现 BJB01 的 12 号针脚退针（电路故障点如图 8-99 所示），检修后试车故障排除。

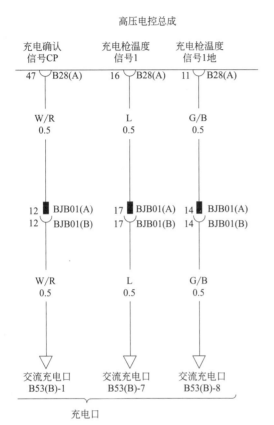
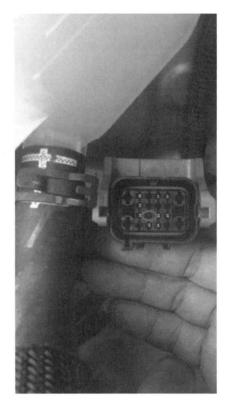

图 8-99 电路故障点

案例四 比亚迪 e2 交流充电时充电盒内部空气开关跳闸

（1）故障现象

比亚迪 e2 车辆在使用 7kW 充电盒进行交流充电时，充电盒内部空气开关跳闸。

（2）维修过程

① 车辆进行交流充电时，仪表一直显示处于充电连接状态，随后充电盒内空气开关直接跳闸，读取数据流，观察到充电时没有交流电输入，怀疑是由交流电输入线路短路导致空气开关跳闸。

② 尝试更换其他充电盒充电，故障依旧，可排除充电盒故障。

③ 从充电口处用兆欧表测量 L、N 相绝缘电阻，电阻为零不正常，从充配电三合一处拔下交流充电线束插头，再单独测量交流充电线束，阻值为零。检查交流充电线束，发现左后侧地板处出现破损（如图 8-100 所示），导致内部线芯和外部屏蔽层短路，更换线束故障排除。

经验总结：高压线束的线芯外部都有屏蔽层，屏蔽层是接车身地的，线芯外部绝缘层开裂破损会导致屏蔽层短路，产生漏电故障。

图 8-100 线路故障点

案例五　比亚迪 e1 车型 7kW 交流充电有时跳枪

（1）故障现象

车辆在用原车配备的 7kW 交流充电桩充电 1.5～2h 时，车辆仪表充电指示灯熄灭，重新开关遥控锁，开关左前门，车辆又会重新开始充电，直到车辆电量充满。

（2）维修过程

① 首先用别的 7kW 交流充电桩测试故障依旧存在，充电 1.5h 后仪表充电指示灯熄灭时，充配电三合一报故障码 P157219（直流侧过流）。

② 因为跳枪瞬间未仔细观察数据流哪里异常，所以放电到 50% 左右再次进行充电测试。当再次充电 1.5h 左右时，用 VDS 读取数据流发现交流侧电压由 209V 瞬间升到 300V 左右，随后降到 209V，如图 8-101 所示。来回升降几次后电压停到 300V 左右，读取直流侧电流由原先充电时的 −5.4A 变成 +8.1A，车辆跳枪，推测是充配电总成内部故障。

③ 与正常车对换充配电三合一后试车，故障转移到试驾车，确认充配电总成故障，更

车辆类	当前	范围	单位
交流侧电压	209	0/300	V
直流侧电压	332	0/1000	V
直流侧电流	−5.4	−30/30	A
交流侧频率	50	0/255	Hz
交流侧电流	30	0/10000	A
PWM占空比	53	0/100	%
车内插座放电状态	无请求	/	
交流外充接地状态	正常	/	

图 8-101 数据流分析

换后故障排除。

案例六 众泰芝麻 E20 无法充电维修

(1) 故障现象

车辆无法充电，仪表无电流显示或充电指示灯不亮，见图 8-102。

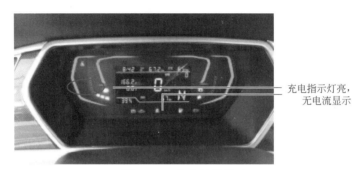

图 8-102 仪表故障指示

(2) 维修过程

① 排除外在因素，检查 220V 电源、充电枪及车载充电器是否均正常。

② 经检查外在因素均无问题后，取出电脑及 CAN 卡，一端接到诊断接口，见图 8-103，另一端连接到电脑。

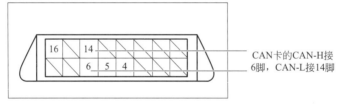

图 8-103 诊断口连接图示

③ 确认连接无误后，打开上位机程序，上面如显示通讯（信）成功，则可查看具体信息。如显示 ZLG 通讯（信）失败，则需重新检查连接之处是否正确或 CAN 卡是否正常，见图 8-104。

④ 通信正常后，选择"BMU 配置"，选中"故障信息"，然后单击"下载"，见图 8-105。

⑤ 查看下载内容，如显示充电继电器不吸合，则拆卸高压盒总成，对充电继电器进行检查，确认问题后更换高压盒总成，更换后故障排除。

案例七 江淮车辆交流充电失效

(1) 故障现象

江淮新能源车辆交流充电异常，充电指示灯不亮、黄灯常亮、黄灯闪烁。

(2) 故障分析

人为误操作，充电电缆、低压线路、车载充电器、充电熔断器故障。

图 8-104 CAN 卡连接提示

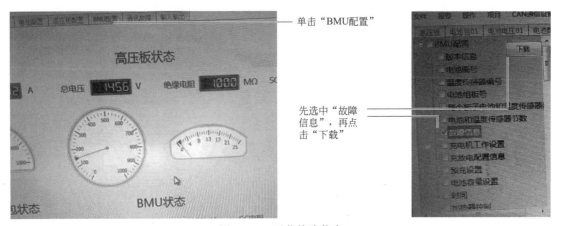

图 8-105 下载故障信息

(3) 维修过程

① 排除人为误操作。

a. 确认车辆充电电缆是否连接良好（充电指示灯不亮）。

b. 确认充电枪插头是否按标识正确连接。

c. 确认是否误开启充电预约开关（充电指示灯黄灯闪烁）。

d. 确认车辆状态（START 模式下，车辆不允许充电）。

② 充电电缆检查。

a. 车辆插头连接车辆充电接口端，供电插头连接供电电源端，见图 8-106，错插会导致车辆无法充电。

(a) 车辆插头　　　　　　　　　　　　(b) 供电插头

图 8-106　充电插头

b. 测量家用充电电缆 CC 信号与 PE 阻值约为 1.5kΩ，见图 8-107。

c. 测量充电桩充电电缆 CC 信号与 PE 阻值约为 680Ω，见图 8-108。

图 8-107　测量家用充电电缆 CC 与 PE 阻值　　　图 8-108　测量充电桩充电电缆 CC 与 PE 阻值

③ 低压线路故障。

a. 车载充电器输出 12V 唤醒信号未到达低压配电盒（充电指示灯不亮），信号输入端见图 8-109。

ZB08	NC	CZ14	FT06a	VC83	ZB03b	ZB02	CH03a
0.5 LR		0.5 R	0.5 R	0.5 P	0.5 L	0.5 B	0.5 W
NC	NC	NC	NC	NC	NC	ZB10	NC
						0.5 R	

CH03a慢充唤醒信号

图 8-109　检查低压配电盒充电唤醒信号

b. 车载充电器输出 12V 唤醒信号未到达 VCU（充电指示灯黄灯常亮），信号输入端见图 8-110。

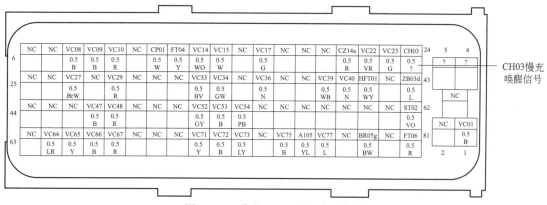

图 8-110　检查 VCU 充电唤醒信号

低压线路故障一般是由连接器公端退针或者母端空位变大导致。

④ 充电熔断器熔断。

利用万用表确定充电熔断器是否熔断（充电熔断器熔断后，充电时充电指示灯黄灯常亮），见图 8-111。

⑤ 充电器故障。

可利用上位机软件观察车辆充电状态信息，见图 8-112。

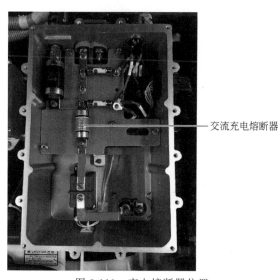

图 8-111　充电熔断器位置

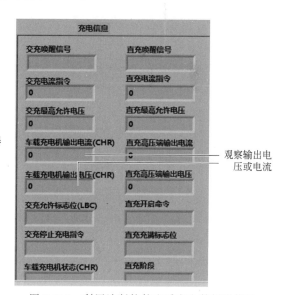

图 8-112　利用诊断软件查看充电数据流信息

a. 确定交流充电唤醒信号为使能状态。
b. 交流充电电流指令为正常电流值。
c. 车载充电器状态为充电状态。
d. 交流充电允许标志位为允许。

在上述状态都正常的情况下,车载充电器输出电流或输出电压出现异常,则可判定为车载充电器故障。

8.6.3 直流充电故障维修

案例一 比亚迪元 EV 无法直流充电

(1) 故障现象

一辆元 EV EB 车型直流无法充电,行驶总里程 780km。

(2) 维修过程

① 用电脑诊断未发现有版本更新,BMS 有一个预充失败的历史故障,如图 8-113 所示。

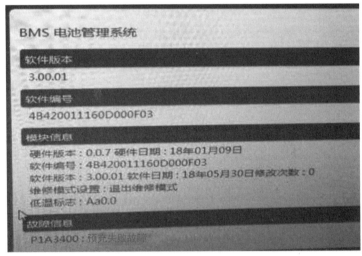

图 8-113　BMS 系统故障信息提示

② 元 EV 充电有三种供电方式:一是家用单相交流充电;二是充电桩单相交流充电;三是充电桩直流充电。此车使用公共场所的单相交流充电正常,排除车辆电池故障,直流充电需要符合 GB/T 18487.1—2015 的国标协议,车辆直流充电接口的供电范围也达到 750V、200A 的电压电流。在 OFF 挡时测量,车辆充电接口 CC 端对地电压有 12V,考虑元 EVEB 使用的是充配电总成新技术,优先更换充配电总成后测试故障未排除。

③ 将车辆分别开至国家电网和当地电桩运营点进行直流充电测试,测试结果与之前相同,短则 1 分钟,长则 5 分钟电桩都会结束充电,停机原因 022D,SOC 由 34% 充至 39%。开到其他运营的电桩测试结果大体一致,各充电桩的参数符合需求。

④ 为了分析是否为充电协议与电桩冲突,联系了电桩运营商,电桩工程师到现场调试了所有的程序故障依旧,对采集的故障报文做了分析,一会是电桩终止了充电报文,一会是车辆自行终止了需求报文。但是展车在电桩测试充电正常,基本排除电桩和电桩充电协议的问题,确定为故障车本身故障。

⑤ 更换 BMS 后故障车充电故障依旧,读取车辆数据流发现没有直流充电感应信号,车辆处于充电状态,预充正常,SOC 电量也随充电时间增加,电脑检测只有故障码 IK 控制器的 B22A6 13 [车外右前探测天线开路故障(预留)] 和 4G 通讯(信)模组的 B1 AC800

（获取 GPS 数据失败），见图 8-114。

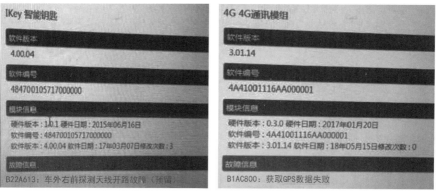

图 8-114 故障码信息

⑥ 直流感应信号由充电接口传至 BMS，排查直流充电接口至 BMS 的线路正常，上 OK 电测量直流充电 CC1 对地电阻 1kΩ，CC2 电压 5V，S+电压 13V，S-电压 13V，CAN 线电压明显异常，正常 2.6V，如图 8-115 所示。所以故障原因是前舱线束至 BMS 线路中有异常电压介入。

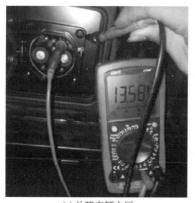
(a) 故障车辆电压

(b) 正常车辆电压

图 8-115 CAN 线电压对比

⑦ 排查 BJG0 1 针脚时发现 BJG01/16 针脚（图 8-116）歪斜触碰到了 BJG01/20（CAN 低线），线路故障点见图 8-117，复位后 CAN 线电压恢复正常 2.6V，直流充电正常，故障排除。

经验总结：此次维修了解了直流充电的充电过程和充电条件。

① 直流充电流程分析：插枪后充电桩检测到 CC1 有 1kΩ 电阻确认枪插好，充电桩发出唤醒信号给至 BMS，BMS 发送报文至 BCM，BCM 控制吸合 IG3 继电器。电池管理器得电工作，车辆检测到 CC2 有 1kΩ 电阻后确认充电桩连接正常，电池管埋器控制点亮仪表充电连接指示灯并与直流充电桩进行 CAN 通信，通信无异常后，直流充电桩输出高

图 8-116 故障连接器针脚

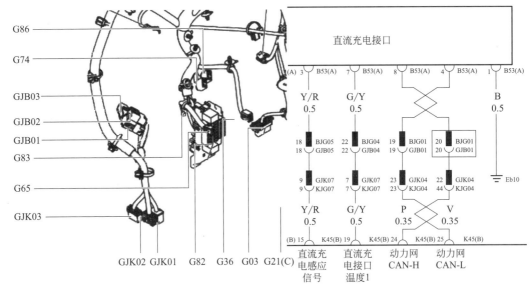

图 8-117 电路故障点

压电为车辆充电。

② 充电要符合 GB/T 18487.1—2015 的国标充电协议。

③ 根据直流充电流程，该车辆电池管理器已经控制点亮仪表充电连接指示灯，说明 CC1、CC2 已经完成，预充成功而且处于充电状态，但是通信电压的异常导致充电协议失败，最终无法进行直流充电。

案例二 比亚迪元 EV 车型不能直流充电

（1）故障现象

一辆元 EV 车型不能直流充电，交流充电正常，车辆使用正常。

（2）维修过程

① 用 VDS2000 扫描系统扫描整车，没有故障码，没有程序更新。

② 连接直流充电桩后，仪表显示连接成功，但是充电功率为 0kW，如图 8-118 所示，

图 8-118 仪表显示充电功率为 0kW

充电桩显示正在充电，电压 376V，充电电流为 0A，如图 8-119 所示（可排除车辆与充电桩通信故障）。

③ 推测是直流充电正、负极接触器故障，人为给接触电器供电、搭铁，能听到接触器吸合的响声，测量直流充电接口正极和 PTC 正极导通，直流充电接口负极到 PTC 负极不导通，如图 8-120 所示，判断为直流充电负极接触器故障。

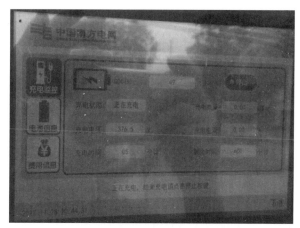

图 8-119　充电桩显示电压与充电状态

图 8-120　直流充电负极接触器

④ 开盖检查，充配电总成内部连接片安装没问题，但是负极接触器连接片已烧黄，更换充配电总成故障排除。

案例三　比亚迪唐 DM 车型无法充电

（1）故障现象

车辆无法充电，使用充电桩及便携式充电器都无法充电，充电时仪表显示充电连接中，之后显示请检查充电系统，如图 8-121 所示。

图 8-121　车辆充电连接信息提示

（2）维修过程

① 首先连接充电盒，读取车辆故障码为 P151100（交流端高压互锁故障）、P157216

（车载充电器直流侧电压低）、U01100［与动力电池管理器通讯（信）故障］，如图 8-122 所示。清除后重新读取发现 P157216 故障码无法删除。

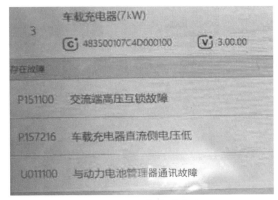

图 8-122　系统故障信息

② 连接充电盒读取车载数据流发现直流侧电压为 31V（无电压），交流侧输入电压为 0V（无电压），异常，因车载首先检测电池的反灌电压正常后，交流侧才有输入电压，故首先排查直流侧电压。

③ 读取 DC/DC 总成数据流，高压侧电压为 633V 正常，可判定充电预充完成，接触器正常。

④ 此时可判断为高压配电箱到车载充电器直流线路故障或车载自身故障。

⑤ 短接车载端高压互锁，充电连接时，测量车载直流输入端电压为 0V，如图 8-123 所示，推测车载高压直流熔断器烧毁。

图 8-123　直流输入端电压为 0V

⑥ 测量后发现电控直流正极输入端与车载直流正极输入端之间不导通而后电控电压及驱动正常（在后电控及车载高压直流线路及熔断器正常的情况下，两端之间应为导通），判断应为车载高压直流熔断器烧毁。

⑦ 拆开高压配电箱测量车载发现熔断器烧毁，测得车载充电器直流输入端正负极之间阻值为无穷大，如图 8-124 所示，排除因车载内部短路导致高压熔断器直接损坏。

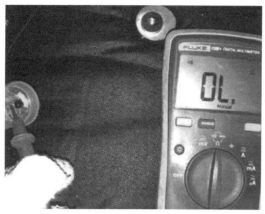

图 8-124　直流输入端正负极之间阻值为无穷大

⑧ 更换熔断器并充电，充电可连接成功，充电功率为 0kW，读取车载数据发现此时直流侧电压及交流侧电压正常，车载无直流侧输出电流，依然无法充电，读取车载故障码为 P158200（H 桥故障），如图 8-125 所示，并无法删除故障码，判断为车载硬件故障，更换车载充电器后故障彻底排除。

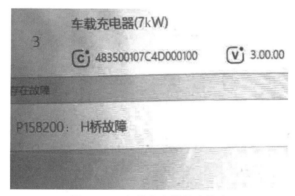

图 8-125　车载充电器故障信息